D1683796

Stadtluft macht frei

Eckart Sander

Stadtluft macht frei

Alt-Saarbrücken

◆

Streifzüge
durch eine
mittelalterliche
Stadt

Herausgeber:
Stadtverband Saarbrücken
Pressereferat

Impressum

Herausgeber:	Stadtverband Saarbrücken, Pressereferat
	Schloßplatz, 66119 Saarbrücken
	Telefon (06 81) 506-451
	Telefax (06 81) 506-591
	© by Stadtverband Saarbrücken
Gestaltung:	Thomas Salzmann
	Stadtverband Saarbrücken, Pressereferat
Druck:	Saarbrücker Druckerei und Verlag GmbH
	Halbergstraße 3
	66121 Saarbrücken
Informationen:	Infobüro Stadtverband Saarbrücken
	Telefon (06 81) 506-247
ISBN:	3-923405-10-3

Vorwort

Im Jahre 1999 rundet sich die Ersterwähnung des Namens unserer Landeshauptstadt in ganz besonderer Weise. Anno 999, so der Inhalt einer Urkunde, übereignete Kaiser Otto III. zur Befriedung des Königslandes an der mittleren Saar Bischof Adalbert II. das «Castellum **Sarabruca**» mit weitreichenden Ländereien.

Bei einem Jubiläum ist es üblich, der Anfänge zu gedenken und einige Stationen des gegangenen Weges in Erinnerung zu rufen. Der Stadtverband legt hierzu diesen Beitrag vor, in dem geschildert wird, wie es in gräflicher Zeit zur Gründung von Alt-Saarbrücken kam und wie sich unsere Vorfahren bis etwa 1650 rund um das Schloß zurechtfanden.

Das heutige Schloß auf dem Saarfelsen war nicht die erste Stadtkrone von Saarbrücken. Schon lange bevor hier die ersten Häuser entstanden, kündete eine befestigte Anlage, eben jenes Kastell, von politischer Gestaltungskraft am Saarstrom. Die gleiche oder eine ähnliche Vorgeschichte findet man auch bei anderen Städten. Das Außergewöhnliche an Alt-Saarbrücken ist, daß die von dem Platz ausgehende Funktion des Regierens bis in die Gegenwart erhalten blieb. Heute treffen im Schloß vom Volk gewählte Vertreter des Stadtverbandes Saarbrücken regionalpolitische Entscheidungen. Die Mitglieder des Stadtverbandstages empfinden die Tradition des Standortes als ein in demokratischer Form zu wahrendes Erbe, das zu sorgfältiger Politik verpflichtet.

Trotz trennender Jahrhunderte werden sich die Leserinnen und Leser bei den Ahnen schnell wie «zu Hause» fühlen. So wußten schon die Alten, durch welche Zutaten ein «Feschd» die richtige Würze erhält. Dazu gehört vorheriger Fleiß, damit nicht unerledigte Arbeit die Freude am Genuß trübt. Ob hinter dem Krug oder an der Werkbank, für ein freundliches Wort war man schon immer zu haben. Wer in Saarbrücken eine neue Heimat zu finden hoffte, dem legten die ansässigen Bürger keinen Stein in den Weg.

Lassen Sie sich nun von unseren Vorfahren über blutige Fehden und gedeihliche Friedenszeiten, über erlittenes Leid und erlebte Freude hinweg an die Hand nehmen. Es ist nicht ausgeschlossen, daß eine größere Kenntnis früherer Zeiten unsere Liebe zu Saarbrücken noch vertieft. Ich wünsche der Schrift einen guten Erfolg.

Michael Burkert
Stadtverbandspräsident

Wir alle leben vom Vergangnen
Goethe

Städte sind Menschenwerk. Aber wie sonderbar, ihr Eigenverständnis läuft dem ihrer Schöpfer genau entgegen: der Mensch möchte stets jung, eine Stadt möglichst alt erscheinen. Schon Salomo wußte, wie eitel es in der Welt zugeht. Saarbrücken kann diesem Treiben gelassen zusehen, denn im Jahre 1999 fällt der Stadt ein volles Tausend an Namenstagen in den Schoß. Gelegentlich hört man sagen, im Vorjahr noch sei alles besser gewesen. Wenn das stimmte, dann müßten in grauer Vorzeit paradiesische Zustände geherrscht haben. Und wirklich, nicht von ungefähr ist unsere Neugier oft mehr auf die von goldenem Glanz umspielte Vergangenheit als auf die ungewisse Zukunft gerichtet. Wohl jeder empfindet beispielsweise beim Anblick spätmittelalterlicher Städte den einzigartigen Zauber, der von turmgeschützten Ringmauern, behelmten Stadttoren, verschwiegenen Plätzen, verwinkelten Gassen und von der faszinierend-verwirrenden Dächerlandschaft ausgeht. Wenn die anmutige Umgebung noch bereichert ist um den vielbesungenen «Brunnen vor dem Tore» mit seinem blätterrauschenden Lindenbaum, dann entspricht die Szene, in die wir uns gern hineinträumen, ganz dem Bühnenbild zu einem Schwank von Hans Sachs. Das damalige Stadtleben, war es nicht recht beschaulich und überhaupt viel angenehmer als heutzutage? Der Leser soll selbst entscheiden, welchem Zeitalter er den Vorzug gibt. Doch vorweg ist es ratsam, eine spätmittelalterliche Stadt näher kennenzulernen. Nehmen wir dazu Alt-Saarbrücken, das uns mit seiner langen Vergangenheit wie gerufen kommt. Durch das neu hergerichtete Schloß wieder vertrauter geworden, liegt es besonders den hier Geborenen am Herzen. Wo aber ist das Saarbrücken spätmittelalterlicher Zeiten zu suchen? Nach der Vorväter Sitte im Umkreis vom Marktplatz, doch dieser läßt sich so leicht nicht finden. Dann vielleicht neben der Kirche, die immer da steht, wo man sie lassen soll. Gehen wir zur erstbesten, die sich gleich als die richtige erweist. Wenige Schritte neben der Schloßkirche mündet die Küfergasse. Ihre schmale Spur führt zur winkligen Probsteigasse. Küfer (Bottichmacher) und Propst (Kirchenvorsteher), was vorzeiten jeder wußte, ein Holz und eine Seele. Beleibter Propst und Küfer, was jeder

Zunftfaß der Saarbrücker Bottichmacher (18. Jahrhundert)

sah, ein Faß ohne Boden. «Eins ums ander, keins umsonst», wie es im Mittelalter auch zwischen Himmel und Erde gutnachbarlicher Hilfe entsprach.

Die Enge der Straßen neben der Schloßkirche ist ein sicherer Hinweis auf den alten Ortskern. Die Namen der Gassen beziehen sich auf örtliche Gegebenheiten. Ein Aufstieg heißt Stieg oder Steige, die ehemalige Hintergasse (obere Vorstadtstraße) liegt im Gegensatz zur Vordergasse (Schloßstraße) hinten, und die Kirchgasse führt zum Gotteshaus. So einfach und klar waren einmal die Regeln. Wer zur Sommerzeit in dem kleinen Quartier neben der Kirche innehält und sich Muße gönnt für das Betrachten auch unscheinbarer Dinge, der wird eine Welt liebenswerter Impressionen entdecken. Man sieht Schmetterlinge über Blumen gaukeln, Hunde in der Sonne schlafen, Kinder in Gärten spielen, alte Leute auf Stühlen sitzen. Aus offenen Türen dringen gewohnte, manchmal gewöhnliche Laute. Hier buckliges Pflaster, dort ausgetretene Stufen. Dieses und anderes, wir machen in Gedanken leicht eine Butzenscheiben-Idylle daraus und glauben der guten, sehr alten Zeit ganz nahe zu sein. Aber wir führen uns dabei selbst an der Nase herum. «Trewme sind lugen» (Träume sind Lügen), hätten die früheren Saarbrücker dazu gesagt. Eine der Lügen von heute ist die Stille, die uns umfängt. Wir haben die geschäftigen Händler, die rauf- und kauflustigen Bürger von einst vergessen, die eiligen Ratsherren, lärmenden Gasthäuser, knarrenden Fuhrwerke, von dem Pochen und Hämmern der fleißigen Handwerker gar nicht zu reden. Selbst dem hartgesottensten Träumer muß klar werden, daß er, umgeben von einer täuschenden Kulisse, in Wahrheit auf leerer Bühne steht, die einstmals Mittelpunkt regen Lebens gewesen ist. Bei solchem Sinnen mag der Blick zufällig an einem mit Weinlaub berankten Mauerzug haften. «Einen burger und einen gebuer scheit nicht me wen ein muer» (Bürger und Bauer scheidet nichts als die Mauer), besagte ein Sprichwort. Vielleicht ist mit ihm der Faden gefunden, der uns den Weg in die gesuchte Vergangenheit weist.

Häuser der Schloßstraße und Schloßkirche (um 1920)

Blick von der Kirchgasse auf die Schloßkirche (um 1920)

Meine Geburt war das erste meiner Mißgeschicke

Rousseau

Wenn der unergründliche Zufall geschichtlicher Ereignisse es gewollt hätte, wäre Saarbrücken aus der gallorömischen Siedlung hervorgegangen, die am westlichen Fuße des Halberges an den Fernstraßen Metz-Worms und Trier-Straßburg bestanden hat. Der Weg von diesem «vicus Saravus» zum anderen Saarufer führte seit dem 1. oder 2. Jahrhundert über eine solide Brücke, die auf festen Steinpfeilern ruhte. Die Niederlassung diente militärischen Zwecken, war aber auch Mittelpunkt verzweigter Handelsbeziehungen. Gegen Ende des 4. Jahrhunderts fielen die Alemannen ein. Sie zerstörten den Ort. Die Trümmer ließen sie liegen. Eine Folgebesiedlung wie in Ladenburg, Mainz oder Speyer blieb aus. Über die Ruinen und vieles andere wuchs Gras.

Saarbrücken blieb der nächsten Gelegenheit überlassen, die sich Ende des 5. Jahrhunderts ankündigte, als durch die fränkische Landnahme an der mittleren Saar ein ausgedehnter Komplex königlicher Besitzungen entstand. Siedlungen gab es nur wenige. Als zentraler Ort galt der Königshof Völklingen, der 882 erwähnt wird. Hand in Hand mit der Besiedlung und Christianisierung des Saargaues schenkten die Könige das Krongut insbesondere dem Klerus. Den Anfang machten im 6. Jahrhundert die kirchenfreundlichen Merowinger. Auch die «villa» Merkingen auf der Südseite der noch benutzbaren Römerbrücke wechselte den Herrn. Das Dorf gelangte in den Besitz des Bistums Metz. Bischof Arnual (601-609) gründete eine Klerikergemeinschaft, aus der später ein Augustiner-Chorherrenstift hervorging. Nach dem Hinscheiden des Bischofs schmückten sich Jahrhunderte später Merkingen (1046) und das Stift mit seinem Namen. Ein Metzer Prozessionsbuch vom Ende des 11. Jahrhunderts weist Arnual bereits als Heiligen aus. St. Arnual rückte auf und wurde einer der bedeutendsten Plätze zwischen Metz und Mainz. Obwohl der Kirchenort im Vergleich zu den benachbarten Klosterstädten St. Avold und Hornbach dieselben, wenn nicht bessere Voraussetzungen für eine urbane Entwicklung in die Waagschale warf, ist aus ihm keine Stadt hervorgegangen, die in späterer Zeit leicht den Rang von

Grabstein des Kanonikus Theodorius (1222) in der Stiftskirche St. Arnual

Saarbrücken hätte einnehmen können. Der Grund der Verhinderung liegt in den lokalpolitischen Verhältnissen, die schon aufregend waren, als Saarbrücken weiter im Schoße der Vorsehung ruhte.

Weil der strategisch günstig gelegene Ort Merkingen in kirchlichen Besitz übergegangen war, wurde von der Weltlichkeit ein anderer Platz zur Kontrolle des Straßenverkehrs, der Saarschiffahrt und der Passage über die Römerbrücke gesucht. Etwa zwei Kilometer flußabwärts ragte aus dem der Krone verbliebenen Gebiet eine hohe Terrasse mit steilem Felssturz zur Saar auf. Dieses Plateau, heute Standort des Saarbrücker Schlosses, war die geeignete Örtlichkeit zur Errichtung einer Burg. Vielleicht umkreisen die Raben schon anno 857 ihren Turm. Urkundlich ist der Wehrbau erst für das Jahr 999 verbürgt, als Kaiser Otto III. am 14. April dem Metzer Bischof das «Castellum Sarabruca» übereignete. Großzügig ließ er auch den Völklinger Hof, den Warndt und den Quierschieder Wald in die Urkunde eintragen. Nach anfänglichen Wechselfällen blieb das Bistum ab 1056 Eigentümer der geschenkten Besitzungen, ohne sie dem kirchlichen Territorium einzuverleiben. Stattdessen gab man das Land den Grafen vom Saargau zu Lehen (verliehenes erbliches Nutzungsrecht), wofür diese dem Bischof militärische Hilfsdienste zusagen mußten. Mit der Zeit verblaßte der ritterliche Treueid zum rituellen Lippenbekenntnis. Einer zunehmend uneingeschränkten Landeshoheit der Grafen stand nichts mehr im Wege.

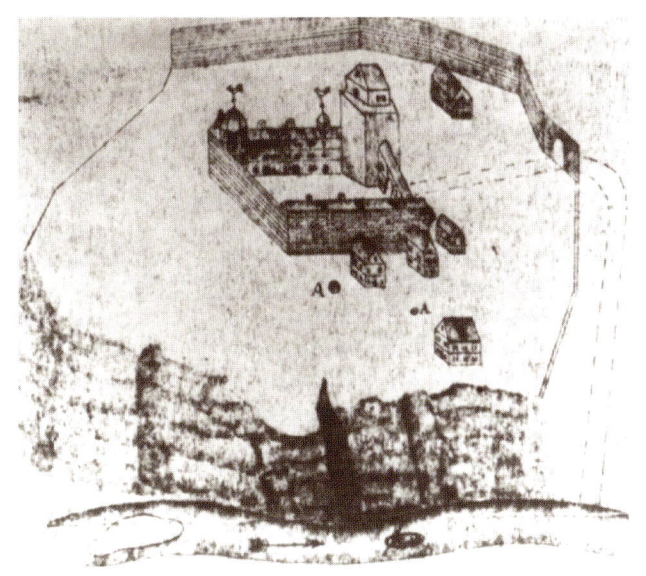

*Die Saarbrücker Burg im 13. Jahrhundert
Rekonstruktionsversuch von M. Pitz (1813)*

Zaghaft zuerst, dann immer selbstbewußter, trat aus dem Schatten der Burg die nachmalige Stadt Saarbrücken hervor. Als man sie noch vergeblich auf der Landkarte suchte, stand ihr Name längst geschrieben, nämlich in der Schenkungsurkunde von Kaiser Otto, die gewissermaßen Saarbrückens Taufschein ist. «Sar» benennt die Saar, das althochdeutsche Wort «brucca» bezeichnet eine Brücke. Genaugenommen ist mit «brucca» der zur Überquerung von Sumpfgelände übliche Knüppeldamm, auch der zur Durchquerung einer Furt gebräuchliche Bohlensteg gemeint (brucca nahe verwandt mit spätmhd. brügel=Knüppel). Hinter der Burg befand sich in Höhe der heutigen Industrie- und Handelskammer tatsächlich eine durchfahrbare Stelle im Fluß, die zunächst der Festung und später der Stadt zu ihrem Namen verholfen haben könnte.

Man nannte die Furt in späteren Jahren die «Lauerfahrt» nach dem Gewerbe der Lauer oder Loher (mhd. lower=Lohgerber), die Häute fast aller Tierarten zu Leder verarbeiteten. Die vom Schinder gelieferten Häute wurden zur Vorbereitung für die Gerbung in die sogenannte Wasserwerkstatt gebracht, das heißt zur Reinigung und zum Aufquellen einige Tage in das Wasser von Bächen oder Flüssen gehängt. Der üble Geruch, der von Gerbereien ausging, zwang sie häufig zur Ansiedlung am Stadtrand. In Saarbrücken fand man solche Betriebe in der östlichen Vorstadt unweit der Furt. Einer der Gerber hieß Johann Keller. Seine drei Ehen mit elffachem Kindersegen sind keine Garantie dafür, daß der Beruf sehr einträglich war.

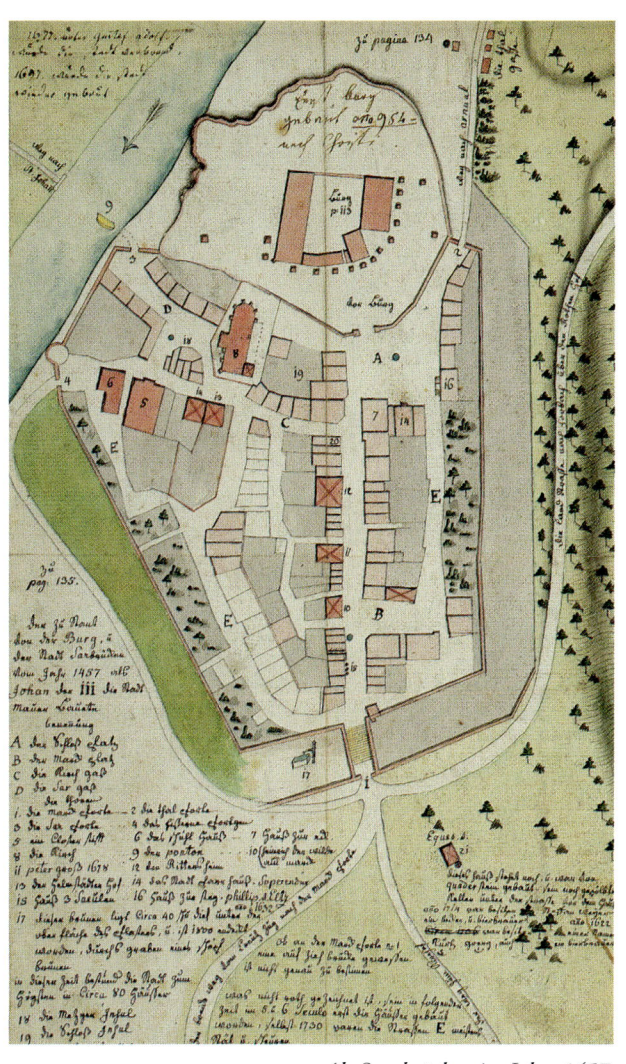

*Alt-Saarbrücken im Jahre 1457
Rekonstruktion von F. Köllner (um 1800)*

Anfang ist kein Meisterstück

Anfangs fehlte es der Grafschaft Saarbrücken noch an staatlicher Geschlossenheit, aber schon bald gewann sie politisch und wirtschaftlich an Struktur. In der Urkunde von 999 sind ohne Ortshinweis Zölle und Märkte erwähnt, die sich nur auf das Kastell bezogen haben können, denn wo sonst als im Schutze der Burg war der Marktfriede besser zu wahren? Deshalb ist so gut wie sicher, daß hier schon um die Jahrtausendwende mit landwirtschaftlichen Erzeugnissen der Umgebung und, wie ehemals im galloromischen vicus, mit Fernhandelsgütern Markt abgehalten wurde. Diese Annahme steht im Einklang mit den zahlreichen Marktgründungen, die unter Otto III. einsetzten. Nach der salischen (1024-1125) und staufischen (1155-1268) Zeit war das Reich mit mehreren Hunderten gewerblicher Märkte überzogen, die den Ansiedlungen als Wachstumsgrundlage dienten.

Es bedarf keiner Überlegung, daß mit den landesherrlichen Aufgaben des Saarbrücker Grafen auch dessen Bedürfnisse wuchsen, daß die Hofhaltung eine Reihe von Dienstbarkeiten erforderte. Anfangs beherbergte die Burg außer der gräflichen Familie auch die Burgmannen. Sie waren zur Burghut und im Kriegsfalle zur Verteidigung der Festung verpflichtet. Als die Kernburg nicht mehr genug Raum bot, ließen sich die Dienstleute in unmittelbarer Nachbarschaft in sogenannten Burgmannenhäusern (Burgsessen) nieder. Der Graf benötigte natürlich auch Pförtner, Turmwächter, Pferdeknechte, Küchenmägde und ähnliches Personal, das gleichfalls aus Platzgründen schon frühzeitig neben der Burg wohnte. Die Burgmannenhäuser standen ungefähr auf dem Grundstück des Gymnasiums am Schloß und in der Talstraße 12-22. Sie waren aus Sandstein, Lehm und Flechtwerk zusammengefügt. In den Räumen,

Häuser der oberen Talstraße in Nähe des Schloßplatzes (um 1920)

Talstraße 1997 an der Stelle der Vorsiedlung

die wegen der Lage am Trillerhang unter Feuchtigkeit litten, war es eng und auch tagsüber nur dämmrig. Diese Häusergruppe kann als Vorsiedlung der späteren Stadt Saarbrücken aufgefaßt werden. (Siehe Lageplan Seite 40/41) Ihr Standort war wohl militärisch begründet, denn unweit der Häuser, auf der Talseite der Festung, befand sich die im Kriegsfall zu verteidigende Auffahrt zur Burg. Die von St. Arnual kommende Straße führte an einen steilen Aufstieg heran, den man als Zugang zur Burg in den Stein gehauen und zu einem überdachten Tunnel geformt hatte. Ob diese trutzige Ausgestaltung schon in der Frühzeit bestand oder im 13. Jahrhundert einen vorher weniger monumentalen Hausflur ersetzte, ist schwer zu entscheiden. Ein Teil des beeindruckenden Entrees blieb erhalten und kann besichtigt werden.

Über den Grund und Boden verfügte noch ausschließlich der Graf. Den Burgmannen gab er die Grundstücke zu Lehen, alle anderen Siedler mußten einen Zins dafür zahlen. Die Zinsgüter wandelten sich mit Duldung der Obrigkeit allmählich zu frei verfügbaren Erbgütern. Der Grundbesitz der Burgmannen gelangte bei deren Entlassung aus dem feudalen Dienstverhältnis oder durch Tausch und Verkauf letztlich gleichfalls in private Hand. Mit der Belehnung der Burgmannen in der kleinen Vorsiedlung hatte die Umverteilung gräflichen Landbesitzes gerade die unterste Stufe erreicht.

Das hohe Roß ritt Graf Simon I. Er betrieb eine lokale Machtpolitik, die den Kaiser nicht weniger erzürnen mußte als ein schwelender Erbstreit. Um Simon in die Schranken zu weisen, erschien Friedrich Barbarossa 1168 mit gezogenem Schwert vor dem gräflichen Sitz.

Ursprünglicher Zugang zur Saarbrücker Burg von der Talseite

Mittelalterliche Fehden bedeuteten nicht immer gleich Weltuntergang. Einer hitzigen Prügelei folgte oft schnelle Versöhnung. So war es auch diesmal. Simon blieb Landesherr und Lehnsmann der Kirche. Über den Ablauf des Waffenganges schweigt sich die Chronik aus. Wahrscheinlich wurden nur die Bollwerke geschleift, wovon auch der Zugang zur Burg betroffen gewesen sein muß. Das kaiserliche Wüten hatte möglicherweise die Nebenwirkung, die Entstehung von Alt-Saarbrücken zu beschleunigen, denn in der zweiten Hälfte des 12. Jahrhunderts kam es auf der geräumigen Sandsteinterrasse auf der Westseite der Burg zur Gründung einer neuen Siedlung. Ob der unmittelbare Anlaß dafür die Wiederherstellung der zerstörten Wehranlagen und die (für diese frühe Zeit nicht unbestrittene) Verlegung des Burgzuganges vom Osten auf die entgegengesetzte, das heißt auf die sich anbahnende Stadtseite gewesen ist, muß Vermutung bleiben. Vielleicht gab auch die Enge der kaum noch erweiterungsfähigen Burgmannensiedlung den Ausschlag für die Neugründung. Wie auch immer, das unüberhörbare Lärmen der Maurer und Zimmerer auf der Abendseite der Burg war das Wiegenlied von Saarbrücken.

Wenn die Reichen bauen, haben die Armen zu tun

Stadtgründungen neben Burgen hat es viele gegeben, wobei für die frühe Kaiserzeit an Meißen, Merseburg und Quedlinburg, für die spätere an Eisenach, Marburg und Saarburg zu denken ist. Die Urzelle der Stadt Saarbrücken bestand aus nicht mehr als einem 350 mal 230 Meter messenden Rechteck, dessen Längsseiten die Vordergasse und die Hintergasse darstellten. Entwicklungsgeschichtlich ist der rechteckige Stadtgrundriß der älteste. Er geht auf die Formung antiker Städte zurück, wiederholt sich bei den ersten frühmittelalterlichen Anlagen (Köln, Regensburg, Worms) und wird auch bei den Stadtgründungen des 12. und besonders des 13. Jahrhunderts bevorzugt. Noch während sich die ersten Gassen beidseits mit Häusern füllten, wuchs der kleine Flecken nordwärts um die Küfer- und Probsteigasse bis dicht an einen Terrassenhang heran. Von da führten drei kurze Stiche zur Vordergasse hinauf. Aus der Vogelperspektive bot das Wegenetz einen leiterförmigen Anblick, wie man ihn auch von anderen Gründungsstädten jener Zeit kennt.

Im Grunde bestanden zwei Anreize, die die Menschen bewogen, sich in Saarbrücken niederzulassen. Erstens war die Zeit nicht gerade friedlich, was das Bedürfnis nach Sicherheit förderte. Zwar hatten die Bewohner des umliegenden Landes die Burg schon immer als beschirmenden Hort empfunden. Das Vertrauen zu ihr war jedoch noch gewachsen, als um die Mitte des 13. Jahrhunderts ein neuer Wehrbau aus drohendem Quaderwerk jeden Angreifer abschrecken mußte. Man unterschied jetzt zwischen Kernburg und Vorburg. An der Stadtseite der Vorburg trennte eine Mauer den befestigten Vorraum des Zwingers ab. Das Gelände zwischen Zwinger und Stadt sicherte ein tiefer Graben, um den eine zweite Mauer gelegt war. Zur Instandhaltung der schützenden Burg hatten nach Ansicht des Grafen nicht nur die Zugezogenen beizutragen. Auch die Männer von St. Arnual mußten Burgwerk leisten, was das Ausbessern von Mauern und das Fegen des Grabens bedeutete. Die Völklinger waren zur Pflege der Zugbrücke verpflichtet. Der Abt von Wadgassen hatte jährlich vier Ellen graues Tuch zu liefern, damit der zerschlissene Rock des Türmers ersetzt werden konnte. Die Hauptlast der Verteidigung ruhte aber noch auf den Schultern der Burgmannen. Die adligen, in der Chronik verzeichneten Recken hießen Boemund von Saarbrücken (1257), Arnold von Siersberg (1270), Godelmann von Ecksweiler (1296) und anders. Mußten die Ritter bei Hofe erscheinen, träuften sie zur Wahrung des guten Tons etwas Leinöl auf die Scharniere der Rüstung. Ihre Häuser befanden sich jetzt in der Vorburg, im Zwinger und in der Stadt.

Mittelalterliche Stadtbauszene

Buckelquader des Bergfrieds der Saarbrücker Burg (Grabung auf dem Schloßplatz 1985)

Die zweite Verlockung, nach Saarbrücken zu ziehen, bestand in der Aussicht, hier eine sichere Existenzgrundlage zu finden. Vor allem Handwerker versprachen sich wegen der zunehmenden Bautätigkeit eine Besserung ihres Loses. Vielen reichte es schon, wenn sie für den Grafen unentgeltlich arbeiten durften und an bestimmten Tagen eine kleine Ration Fleisch und Wein erhielten. Was aus der Arbeit über die Bedürfnisse des Hofes hinausging, durfte man zur eigenen Verwendung behalten. War das irdische Leben des Familienvorstandes beendet, hatte der Graf ein Anrecht auf dessen bestes Stück Vieh (Besthaupt) und teuerstes Kleidungsstück. Diese Abgaben wurden bereits als eine Linderung des oft großen Elends empfunden, denn vor dem Erblichwerden von Grund und Boden war im Sterbefall der gesamte Hausbesitz an den Grundherrn zurückzugeben. Besonders gern sah es die Obrigkeit, wenn sich Gewerbetreibende oder Kaufleute ansiedelten, weil sie zum Wohlstand des Landes mehr beitrugen als alle anderen. Trotzdem bekam jeder Zuziehende ohne Ansehen seines Berufes einen Bauplatz für eine Hofstätte zugewiesen. Außerdem konnte jeder Neuling ein Stück vom gemeinschaftlichen Grundeigentum beanspruchen. Die Allmende (mhd. das Allgemeine), wie das gemeinsam genutzte Land genannt wurde, lag außerhalb des Siedlungsgebietes auf dem Saarbrücker Bann, der im Osten und Süden durch St. Arnual, Spichern und Forbach, im Westen durch Gersweiler und im Norden durch Malstatt und St. Johann begrenzt war. Die Flur bestand im wesentlichen aus Waldungen, Ackerland, Wiesen und Gärten, wo die Stadtbewohner ihr Nutzvieh weiden, Felder bestellen und Obst- und Gartenbau betreiben durften. Als die Erstsiedler ihre Häuser aufrichteten, stand die Stadt noch in enger Verbindung zum weiten agrarischen Hinterland und war keine Welt für sich. Das sollte nicht immer so bleiben.

Wer sich nicht ums Ganze wehrt, muß ums Halbe fechten

Über die ersten Bauten von Saarbrücken ist wenig bekannt. Wir sind über eine Schenkung des Dekans Eberwien von St. Arnual unterrichtet, der seinem Stift 1190 ein Haus mit Keller und Wiese links neben dem (späteren) Alten Rathaus übereignete. Es ist anzunehmen, daß die Bebauung, obgleich noch lückenhaft, um diese Zeit schon einige Fortschritte gemacht hatte. Auf drei saarseitigen Grundstücken der Vordergasse standen Lehnshäuser gräflicher Vasallen. Auch an der Stelle des Erbprinzenpalais befand sich ein Burgmannenhaus. Weiter wissen wir von einem Tor im Westen der Vordergasse, das 1228 erwähnt wird, als Graf Simon III. in dessen Nähe den Deutschherren anläßlich der Gründung der Deutschherrenkommende einen Obstgarten schenkte. Es handelt sich zweifellos um die Marktpforte als Teil der Befestigungsanlage, die in Gestalt einer umschließenden Mauer das Hauptmerkmal jeder mittelalterlichen Stadt darstellte. Deshalb wird die Mauer mit den dazugehörigen Wehrtürmen in allen Chroniken auch gebührend hervorgehoben. Das bedeutet aber nicht, daß ein Stadtgraben gefehlt hätte. Im Gegenteil, anfangs war eine natürliche Schutzvorrichtung aus Graben und Erdwall, durch Holzplanken verstärkt, sogar die Regel. Dieses Bild wird zu Beginn des 13. Jahrhunderts auch Saarbrücken geboten haben. Jede Stadt war bestrebt, das Provisorium der Erdbefestigung durch eine Ummauerung möglichst schnell zu beenden. Einen frühen Sprung vom Wall mit Erdgraben zur Mauer schafften Fritzlar (1238), Einbeck (1256) und Zwickau (1291).

Auch Saarbrücken wurde im 13. Jahrhundert ummauert. Dabei kopierte man wie an anderen Orten das Vorbild der Burg mit der Abfolge Stadtmauer, Zwinger, Stadtgraben, äußere (kleinere) Mauer. Nicht von ungefähr nannte man eine Stadt im deutschsprachigen Raum zuerst «burg», hießen die Bewohner «burger». Saarseitig war die Mauer hinter dem Vor- und Frühgeschichtlichen Museum an die Burg angebunden. Als 1261 die Nikolauskapelle, die Vorgängerin der Schloßkirche, errichtet wurde, wird man sie mit der nur wenige hundert Schritt entfernten Anlegestelle der Saarfähre schnell in das umgürtete Areal einbezogen haben. Am Terrassenhang lief die Mauer hinter der Küfer- und Probsteigasse auf die Marktpforte zu (Westseite Nanteser Platz). Im Süden setzte sie sich an der Rückfront der Hintergasse bis zum Rauschentor fort (etwa Höhe Talstraße 10). Wer heute das Treppchen zwischen Küfer- und Probsteigasse hinabsteigt, sieht linker Hand Reste des Mauerzugs, die von der einstigen Wehrhaftigkeit einen überzeugenden Eindruck vermitteln. Auch gegenüber dem Grundstück Altneugasse 5 tritt der Mauerzug noch eindrucksvoll in Erscheinung. Die stellenweise mit Ziegeln gedeckte Mauer war so breit, daß man auf ihr die Stadt umlaufen konnte. Der Anblick der bemoosten Steine mag in uns romantische Gefühle wecken. Die Zeitgenossen sahen darin nicht mehr als ein ausgeklügeltes Abwehrsystem. Schießpulver und Geschütze waren im 13. Jahrhundert noch unbekannt. Stattdessen versuchte man Städte mit

Armbrust (Jagdwaffe) aus dem 16./17. Jahrhundert

Stadtmauer des 13. Jahrhunderts gegenüber Altneugasse 5

Rammbock, Armbrust und Steinschleuder zu stürmen. Zwinger und Graben waren in der Breite so bemessen, daß Angreifer genau da aufgehalten wurden, wo sie von den Verteidigern, die ihre Geschosse von der Mauer herabwarfen, am leichtesten getroffen werden konnten. Diese hautnahe Ballistik funktionierte um so besser, je höher die Stadtmauer aufragte.

In alten Stadtplänen sind häufig Vorstädte verzeichnet. Sie stellten keine Stadt im Rechtssinne dar. Der Charakter solcher Trabantensiedlungen konnte gewerblicher, kaufmännischer, kirchlicher oder dörflicher Art sein. Zwischen ihrer Entstehung und Eingliederung in die Kernstadt lagen oft große Zeiträume. Saarbrücken besaß zwei Vorstädte. Man fand sie wie üblich an den ins Land weisenden Hauptstraßen. Die Vorstadt «im Tal» lag am Weg nach St. Arnual vor der Rauschenpforte, die ihren Namen von dem 1464 gefaßten Rauschenbrunnen erhielt. Die in späterer Zeit auch «Rauschenthal» bezeichnete Vorstadt darf nicht mit der alten Vorsiedlung der Burgmannen verwechselt werden. Mit ihr sind vielmehr etwa 20 Gebäude am Fuße des Reppersberges angesprochen. Unter den Bewohnern gab es noch bis in das 15. Jahrhundert hinein unfreie Leute. Die Leibeigenschaft erlosch hier erst, als sich vermehrt freie Bürger ansiedelten und bereits Seßhafte in die Bürgerschaft aufgenommen wurden. Um 1600 wohnten und arbeiteten im Rauschenthal vorwiegend Lohgerber in Nähe der «Lauerfahrt», Schmiede, Färber, Brauer, Bäcker und Gastwirte.

Die zweite Vorstadt lag vor der Marktpforte an der Gabelung der Straßen nach Forbach, zur Malstatter Furt und zum Deutschhaus. Auch hier wohnten anfangs nur Unfreie. Nach voller Ausprägung reichte die Bebauung bis zum Gelände des Ludwigsgymnasiums. In Stadtprotokollen ist häufig von Serren (lat. sera=Riegel) die Rede, womit die Vorstädter zu Beginn einzelne Häuser, später die gesamte Bebauung mauerartig befestigten. Die Vorstadt am Markttor war, dem erreichten Wachstumsstand entsprechend, zunächst von einem kürzeren (1470), dann umfassenden Zug aus Serren umringt (1560). Für das Jahr 1540 werden vor der Marktpforte wohnende Leute erwähnt, die einen Durchlaß in den Serren beim Heiligkreuzspital an der (späteren) Zollamtstreppe zu bewachen hatten. Am Wege dorthin stand ein Ebenbild des Liederbrunnens vor dem Tore, woneben auch die Linde nicht fehlte, unter deren weit ausladenden Zweigen eine Bank zu süßen Träumen verführte. Auf ihr mag ab und an der in der Vorstadt wohnende Kuhhirt Caspar Lautemann mit seiner Ehefrau Anna geturtelt haben, wofür die zehnfache Nachkommenschaft schon beinahe Beweiskraft besitzt.

In der modernen City war man zuzeiten geneigt, Vorstädter etwas herablassend zu behandeln. Den Saarbrückern im Mauerring des 13. Jahrhunderts stand der Sinn nach anderen Dingen. Bleischwer lastete die Leibeigenschaft auf ihren Schultern. Alles Sehnen und Trachten war auf Freiheit gerichtet.

Stadtluft macht frei

Ein untrügliches Maß für die Höhe der Kultur einer Bevölkerung ist der Entwicklungsstand von Gerichtswesen und Gesetzgebung. Damit sah es, wie gesagt, in Saarbrücken noch nicht zum besten aus. Zwar hatte sich schon ein stadteigenes Gewohnheitsrecht herausgebildet, aber sämtliche öffentlichen und privaten Vorgänge von Belang unterlagen noch der strengen Aufsicht des Grafen. Dieser Zustand war unhaltbar geworden. Auf der einen Seite drängten die Stadtbewohner auf volle Selbstbestimmung und Eigenverantwortung. Aber auch Graf Johann I. war sich bewußt, daß ein Schritt nach vorn getan werden mußte. Die von ihm gewünschte Zunahme gewerblichen Fleißes erachtete er nur dann als aussichtsreich, wenn Leibeigenschaft und Bevormundung in gebührender Rechtsform beendet würden. Deshalb entschloß er sich 1321, die Stadtbewohner in den Stand freier Leute zu versetzen. Der Freiheitsbrief, Charta genannt, beginnt mit den Worten: «Wir Johann Grave von Saarbrucken ... kunden allen Jenen, die diesen Brief sehen sollen oder hören lesen, daß unser Wille ist ..., daß die Stadt Saarbrucken und Sente Johann das Dorf, und alle Mann und Frauen und ihre Erben sind befreit.»

Die Charta erhob Saarbrücken und St. Johann einerseits zu einem verbundenen Gemeinwesen mit ein und derselben richterlichen und verwaltenden Behörde, deren Aufgabe es war, die höhere Gerichtsbarkeit auszuüben, für Verteidigung und Wahrung der öffentlichen Sicherheit zu sorgen, das Marktwesen zu überwachen und die Eichung der Maße und Gewichte zu garantieren. Die Personen der oberen richterlichen Instanz waren gleichzeitig als obere Verwaltungsbeamte tätig. Andererseits war beiden Städten getrennt die niedere Gerichtsbarkeit (Garten-, Feld-, Waldfrevel, Zänkereien, Schlägereien) zugewiesen sowie die Berechtigung zur Verwaltung des inneren Haushaltes (Schützen-, Hirtenwesen, Stadtwacht, Wegebau, Hospital-, Armenwesen) eingeräumt. Die Bediensteten hierfür stellte jede Stadt selbst.

Von nun an gingen die Männer von Saarbrücken und St. Johann jeden Sonntag vor Pfingsten zur Wahl, um aus ihrer Mitte vier Gerichtsleute für Saarbrücken und vier für St. Johann zu küren. Die Auserwählten hatten sich in der Burg einzufinden und dem Grafen vorzustellen. Der Landesherr ernannte einen von ihnen zum Meier (Vorsitzender des Stadtgerichtes), einen zweiten zum Heinburgen, der die Bürger und Bürgerinnen vor die Schranken des Gerichts zitierte. Die verbleibenden sechs sollten Gerichtsbeisitzer (Schöffen) sein. Die Truppe der Rechtspflege wurde durch je einen Gerichtsschreiber, Gerichtsboten und Pfandverkäufer (verkaufte gepfändete Gegenstände) vervollständigt. Jeder Bürger, dessen «Haus rauchet» (bewohnt ist), war dem Grafen pro anno 24 Kreuzer schuldig; ein heute unvorstellbarer Fortschritt, mit festen Abgaben rechnen zu können. Ein jeglicher sollte sicher sein in seinem Haus und hier einen passenden Stall bereithalten, um «Bette dem Pferde» zu geben, wenn der Graf Gäste hatte. Bei Krieg mußte der Bürger mit dem Grafen «ins Heer fahren», was er viel lieber ins Heu getan hätte. Starb jemand ohne Leibeserben, fiel das Gut an die Obrigkeit; heute erbt der Fiskus so oder so, und das nach Leibeskräften. Wer einen Zeitgenossen öffentlich Mörder, Dieb oder Fälscher schalt, sollte sechzig Kreuzer Buße zahlen und dort widerrufen, wo er geschwatzt hatte. Wer jemand mit einem Schwert oder Stock traktierte, hatte für die Genesungskosten aufzukommen und obendrein Schmerzensgeld zu zahlen.

Original des Freiheitsbriefes (1321)

Mord, Diebstahl, Notzucht, Brandstiftung und Verrat, die «Fünferhand Dinge», führten schnurstracks auf die Leiter des Galgens. Damit Messer und Zunge künftig nicht allzu locker sitzen, verblieb das Hochgericht bei dem Landesherrn, der nach wie vor über Kopf und Kragen entschied. Alle anderen Rechtsfälle wurden fortan vor dem Stadtgericht verhandelt.

Die in der Charta zugestandene Rechtsgleichheit ohne Ansehen von Stand und Besitz hatte den Haken, an der Stadtmauer zu enden. Der Landbevölkerung wurde zugemutet, sich wie bisher dem nur mündlich fixierten Gewohnheitsrecht uralter Zeiten zu beugen. Graf Philipp I. ließ die antiquierten Vorschriften wenigstens einmal zu Papier bringen (1420). In der Vorrede zum Saarbrücker Landrecht heißt es: «So ist gedacht und fürgenommen in Geschrift zu setzen, die Rechten alter Gesetzede, ehrlichen und loblichen Gewohnheiten und Herbringe der würdigen Grafschaft.» Amtmann Johann Fust sammelte die verstreuten Rechts- und Urteilssprüche in einem sogenannten Schöffenweistum. Wurde ein Kapitalverbrechen verhandelt, war der Angeklagte beim Fehlen sicherer Beweismittel noch eine Zeitlang dem gefürchteten Gottesurteil ausgesetzt. Bei der Feuerprobe etwa sollte das Tragen eines glühenden Eisens die Meinung Gottes zur Schuldfrage erkunden. Je tiefer der Brand, desto größer die Schand, meinten die Herren Richter schließen zu können. Dem in der Stadt geltenden Strafrecht war dieses Eisen zu heiß. Auch hatte man dort schon genug Ärger mit erhitzten Gemütern.

Die frischgebackenen Bürger in der ummauerten Stadt waren nicht nur mit der neuen Gerichtsbarkeit hochzufrieden. Als ebenso segensreich empfand man das zugestandene Recht, sich künftig selbst verwalten zu dürfen. Nach beendeter Wahl der oberen Stadtbediensteten und der unteren Chargen wurde das Volk an lange Tische zum Schmaus geladen. Niemand fand dabei ein Haar, aber jeder viel Fleisch in der Suppe. Der Wein floß in Strömen, das Zehrgeld aus der Stadtkasse. Bei so viel Bürgernähe nahmen weder Hinz noch Kunz daran Anstoß, daß die Stadtoberen einige Tage darauf

Nahwaffe (um 1600)

beim Ratswirt zu einem diesmal internen Gelage zusammenkamen. Die geschmackvolle Sitte hat sich im Kern bis heute erhalten. Weitere Ähnlichkeiten alter Gepflogenheit mit der modernen Bürokratie dürften hinsichtlich der inzwischen verflossenen Zeit eher vom Zufall bestimmt sein. Der Meier als Vorsitzender des Stadtgerichtes war gleichzeitig Chef der Verwaltung. Er durfte bei Androhung von Strafe keinen Fuß vor die Stadt setzen, ohne zuvor einen Stellvertreter benannt zu haben. Der Heinmeier, unserem Ortsvorsteher vergleichbar, wahrte die unmittelbaren Interessen der Bürger nicht nur in der Stadt, sondern auch in Angelegenheiten, die Feld, Wald und Wiese betrafen. Besonders das Hirtenwesen war seiner Fürsorge unterstellt. Die Hauptaufgabe von drei Zugebern (Beigeordneten) bestand darin, beim Bürger zu erkunden, ob er die von der Verwaltung beabsichtigten Vorhaben auch wirklich billigt. Sollte eine öffentliche Baumaßnahme mißfallen, wurde sie auf Antrag der Bürgerschaft zurückgestellt. Die Gerichtsschöffen kümmerten sich, sofern sie nicht gerade an einem Urteil feilten, um die Beratung und Beschließung städtischer Angelegenheiten. Am unteren Ende der Verwaltungsspitze glänzten Geist und Ärmelschoner des Stadtschreibers. Kaum weniger wichtig war und nahm sich das Gefolge der städtischen Dienerschaft. Ihre Speerspitze war der Amtsdiener, auch Pedell oder Büttel gerufen. Versah er seine Aufgaben zur allgemeinen Zufriedenheit, konnte er bei der Wahl übers Jahr zum Verwaltungschef aufrücken. Der Stadtbaumeister überwachte den ordnungsgemäßen Zustand der Befestigungswerke. Den Schützen oblag der «Schutz» des Grundeigentums: der Feldschütze hatte ein Auge darauf, daß Felder nicht eigenmächtig eingezäunt werden, der Gartenschütze bewachte das reife Obst an den Zweigen. Da Sicherheit grundsätzlich großgeschrieben wurde, war für jedes Stadttor ein eigener Schließer bestellt. Abends nach «Toresschluß» mußten die klobigen Schlüssel beim Meier hinterlegt werden (noch 1597). Nur er durfte nachts die Tore öffnen. Der Nachtwächter hielt die Augen auf, um bei Feuer oder anderer Gefahr rechtzeitig Alarm zu schlagen. Er war angewiesen, «an den Orten, wo sich von Alters gebührt, die Uhr bei der Nacht anzurufen, und auf der Stadtmauer herumzugehen.» Der Tagesdienst an den Stadttoren war Sache der mit einem Paradespieß bewehrten Pförtner. Sie sollten Bettler, Blinde, Lahme und Aussätzige «bei der Pforte uffhalten» und nach Austeilung eines «gepürenden Almosens hernach fortweisen.» Während der Kirchpredigt blieben die Pforten unbarmherzig geschlossen.

Unentbehrlich waren letztendlich auch die beiden «gedingten Diener». Der eine von ihnen, der Bettelvogt, besaß zweifellos hohen Unterhaltungswert, wenn er zur allgemeinen Belustigung die vom Stadtgericht verhängten «beschimpfenden Strafen» exekutierte. Es gedieh jedesmal zu einem kleinen Volksfest, wenn er auf dem Marktplatz Verleumder, nächtliche Ruhestörer, Betrunkene oder Unzuchttreibende an den Pranger stellte und dem gnadenlosen Gespött sittsamer Bürgerlichkeit preisgab. Der an den rund sechs Meter hohen Schandpfahl gekettete Missetäter war der einzige, der nicht lachte. Nach jedem Strafvollzug schleppte man das zentnerschwere Holzgerüst in die Wachstube in der Hintergasse zurück, wo es bis zur nächsten Vollstreckung aufbewahrt wurde. Die «Freilichtbühne» auf dem Marktplatz sorgte bis in die dreißiger Jahre des 19. Jahrhunderts für Unterhaltung. Dem anderen Diener ging man, ähnlich wie wir dem Gerichtsvollzieher, gesenkten Blickes möglichst schnell aus dem Weg. Es war der Scharfrichter.

Ehemaliger Saarbrücker Schandpfahl (18./19. Jahrhundert)

Gemeinnutz geht vor Eigennutz

Wer bei Erlaß des Freiheitsbriefes im März 1321 in Saarbrücken oder St. Johann wohnte, konnte sich glücklich schätzen, denn man war ab sofort freier Bürger und genoß ohne Umstände alle damit verbundenen Rechte. Zuziehende Neubürger hingegen, ob Mann oder Frau, hatten einige Hürden zu nehmen, ehe sie in den Genuß der Stadtfreiheit kamen. Die Charta schrieb ihnen vor, daß sie dem Grafenhause dreißig, dem Meier und den Schöffen sechs Pfennige «zu Empfängniß schuldig» sind. Außerdem war eine Bürgschaft in Höhe von zwei Gulden dafür zu leisten, daß man Saarbrücken wenigstens ein Jahr lang die Treue hält. Wurde die Stadt vor dieser Zeit verlassen, war die Einlösung der Bürgschaft fällig. Blieb man aber länger und nahm, worauf die Stadtverwaltung großen Wert legte, das Bürgerrecht an, stand unverzüglich die Zahlung des Einstandsgeldes ins Haus. Um 1550 wurden dazu nur zwei, 1577 schon sechs und 1601 bereits zwölf Gulden kassiert. Knechte und Mägde hatten zu dieser Zeit einen Jahreslohn von etwa fünfzehn Gulden. Zur Abrundung des Ganzen mußte jeder Aufzunehmende dem Stadtgericht vier Maß (das entspricht 16 Schoppen oder 7,53 Liter) Wein spendieren. Beim Erfinden und Begründen von Gebühren und Abgaben haben die uralten Stadtväter wahrlich viel Phantasie entwickelt. Eines «schönen» Tages muß diese Eigenheit erblich geworden sein. Bald war auch die Höhe der geforderten Bürgschaft nach oben geschnellt. 1601 betrug sie stolze ein-hun-dert Gulden! Hans Bernhard, Bürger und Bäcker im Rauschenthal, wird schon seine zarten Gründe gehabt haben, weshalb er für den Aufenthalt der Witwe Barbara Collin so tapfer bürgte (1625). Aber mit Geld allein war die Sache nicht zu regeln. Jeder Fremdling hatte, sofern er aus einer Stadt kam, ein Attest über «freien Zug», das heißt über seinen ordnungsgemäßen Abschied vorzulegen, was im heutigen Wohlverhalten an das polizeiliche Führungszeugnis denken läßt. Wirklich schwer war es den leibeigenen Dörflern gemacht, denn sie mußten eine Urkunde über die Beendigung ihrer Leibeigenschaft vorweisen. Erst wenn alle geforderten Bescheinigungen auf dem Tisch lagen, ein Bürge gestellt, das Empfängnis- wie Einstandsgeld berappt und obendrein die eheliche Geburt nachgewiesen war, wurde man in die städtische Eidgenossenschaft aufgenommen und durfte geloben, «unserm gnädigen Herrn und der Stadt treu, hold und gewärtig zu sein, dero Schaden warnen, Bestes werben ... und sich mit Wehr und Waffen gefaßt zu machen» (1576).

Letzteres war nicht auf die leichte Schulter zu nehmen. Schon allein die Charta verpflichtete jeden Bürger wie jede Bürgerin, «zu behüten und zu bewahren unsere Burg und Stadt Sarbrucken.» Wie genau man es damit besonders in Notfällen nahm, geht hervor aus der «Ordnunge gesatzt zu halten ob einig Veind oder Feiergeschrey kheme bey Tag oder Nacht» (1540). Beim Läuten der Sturmglocke (Krieg) mußten die Männer die Torwacht und Turmbesatzung verstärken, «bis man ihnen zu Hülf khomen magk.» Hörte man Hornblasen (Feuer) von den Türmen, sollten «alle Frawen und Megte mit ihrem Geschirr förderlichen zutragen und daß fier helfen leschen.» Wer diesen Schuldigkeiten nicht nachkam, hatte die Stadt sofort zu verlassen. Die Idee der Schwurbrüderschaft verband Bürger und aufgenommene Zuwanderer so eng, daß jeder für den anderen einstehen, für dessen Freiheit und Sicherheit eintreten mußte. Dieser Wagenburg-Mentalität entstammt auch der damals geborene Gedanke «Stadtluft macht frei binnen Jahr und Tag.» Gelang es nämlich einem Unfreien, sich ein Jahr lang in der Stadt aufzuhalten, ohne von seinem Grundherrn zurückgefordert zu werden, war er nach Erwerb des Bürgerrechts frei und unterstand fortan dem Schutz der städtischen Gemeinschaft. Sollte einem dieser Unfreien das Geld zum Einkauf in die Bürgerschaft gefehlt haben, wurde er seit etwa dem 17. Jahrhundert nicht mehr ausgewiesen. Man ließ ihn und seine Nachkommen als «Hintersassen» ungestört in der Stadt wohnen. Diese Leute, meist Dienstpersonal von Adligen und Beamten, trugen ihre Ersparnisse eines Tages ganz von selbst auf das Rathaus, um endlich in die Bürgerkaste aufgenommen zu werden. Bis dahin mußten sie auf einen Großteil der Bürgerrechte verzichten.

Es versteht sich, daß die Bestimmungen der Charta nur ein zaghafter Anfang sein konnten. Mit der verbrieften Freiheit war es nämlich, genau besehen, nicht sehr weit her. Bei eigenmächtigem Auszug aus der Stadt (die Bürgerschaft war wegen etwa rückständiger Schulden beim Meier vorher «aufzusagen») wurde das Vermögen konfisziert, Eheschließungen mit Auswärtigen und Adligen waren verboten, der Eintritt in den geistlichen Stand hing von der Einwilligung des Grafen ab. Eines Tages dann gestattete Philipp II. den Bürgern von Saarbrücken und St. Johann ungehinderten Zug sowie das Heiraten von Auswärtigen (1549), und seit Einführung der Kirchenreformation konnte jeder nach eigenem Gusto Seelenhirt werden (1575). Saarbrücken wird seinen Bewohnern jedoch schon vor diesen Lockerungen als Insel der Glückseligen erschienen sein.

Blick über Alt-Saarbrücken mit den Türmen der Friedenskirche, der Schloßkirche und des Alten Rathauses (1. Hälfte 19. Jahrhundert)

Ein schlechter Handel, wo niemand gewinnt

Mit der Gewährung der Stadtrechte war jedenfalls ein guter Anfang gemacht. Die gegebenen Freiheiten und die Lage der kleinen Stadt am Knotenpunkt vielbefahrener Handelswege bedeuteten Vorteile, die von den Bürgern wie auch vom Landesherrn nicht ungenutzt blieben. Selbst die fernen Lombarden erkannten die günstigen Voraussetzungen und waren in Saarbrücken bereits 1271 mit einer Bankniederlassung vertreten. Als 1324 über der wildtobenden Reuß in den Alpen eine an Ketten hängende Brücke entstand, war die kürzeste Straßenverbindung zwischen der Lombardei und den Niederlanden geschaffen. Die «Lampartische», auch «Flandrische Straße» gab dem Nord-Süd-Handel beträchtlichen Auftrieb. Graf Johann I. kannte das florierende Wirtschaftsleben italienischer Städte aus eigener Anschauung und war von dem Gedanken beseelt, seine Grafschaft in ein gleichermaßen blühendes Land zu verwandeln. Dazu versetzte er in der Umgebung zu Wohlstand gekommene Leute wie Ulrich von Völklingen in den freien Stand (1316), wofür sich diese verpflichten mußten, «ein Huß zu buwen binnen der Stat Sarbrucken», denn Stadtwachstum versprach steigende Einkommen, möglicherweise sogar Reichtum.

Auch Johann II. sammelte Ruhm auf sein gräfliches Haupt. Um den gewinnträchtigen Handel zur Stärkung des Marktwesens vermehrt an die Stadt zu binden, ließ er aus Westen und Osten kommende Kaufmannszüge von der alten Römerstraße über einen Abzweig (Spichererbergstraße) am Rodenhof vorbei direkt in die Residenz leiten (1354). Eine Fähre neben der noch fehlenden Alten Brücke vermittelte den Verkehr zwischen Saarbrücken und St. Johann. Die große «Punte» trug Fuhrwerke, eine kleinere Personen von Ufer zu Ufer. Für Handelsherren war es manchmal das rettende, denn in einsamen Waldgegenden lauerten ihnen nicht selten Raubritter auf. Die Regenten machten aus dieser Not eine einträgliche Tugend, indem sie den Reisenden beim Durchqueren ihres Hoheitsgebietes Geleitschutz gewährten. Um unbehelligt von der Mosel nach Straßburg zu gelangen, mußten die Pfeffersäcke gleich viermal tief in die Tasche greifen. Nicht nur der Graf, auch die Gewerbetreibenden am Ort verdienten gut an den Händlern, denn letztere benötigten für sich und ihre Begleitung Verpflegung und Herberge, für die Zugtiere Futter und Stallung, für die Wagen Reparatur und Wartung. So mancher Gastwirt, Hufschmied und Spengler (Klempner) schnappte hier und da ein fremdsprachiges Wort auf, womit er sich bei den Herren aus England, Flandern, Frankreich, Burgund und Italien verständlich machte. Mit den Lothringern, was noch am leichtesten war, lohnte das Feilschen, wenn man ein buntes Tuch für die Meisterin oder ein geschliffenes Glas für den Hausstand ergattern wollte. Der passende Ort für solche Gespräche war die stille Ecke der Wirtsstube. Gewiß traf man sich auch im Gasthaus «Zum Horn», das in der oberen Hälfte der Kirchgasse (Am Schloßberg) lag und 1401 erwähnt wird. Gemessen wurde in ortsüblichen Füßen und gezahlt in landeseigener Währung.

Alte Hufschmiede

Blick in die Altneugasse mit den Türmen der Friedens- und Ludwigskirche (um 1930)

Gewonnene Freiheit und klingende Münze brachten das Rad zunehmend in Schwung und lösten in der Umgebung so etwas wie Goldgräberstimmung aus. Keiner wollte durch sein Zuspätkommen bestraft werden. Weitblickende Grundbesitzer, ihrem Herrn entlaufene Hörige, unzufriedene Handwerker, geschäftstüchtige Händler: jeder suchte und fand einen Grund, um ins gelobte Städtchen zu ziehen. Als um 1400 in den Gassen die Grundstücke knapp wurden, ließ man sich am Terrassenfuß nördlich der Probstei- und Küfergasse vor der Stadtmauer nieder. Hier führte ein Weg entlang, über den die von der Fähre kommenden Wagen zur Marktpforte und weiter durch das «Gebück» (Trillerhang) zur Spichererbergstraße rumpelten. Bald war dieser Weg, nun Neugasse (Altneugasse) genannt, beidseitig bebaut. Spätestens 1430 lag die Neusiedlung im Schutz eines erweiterten, etwa zwölf Meter hohen und gut zwei Meter breiten Mauerzuges, der ab der Fährstelle ein Stück der Saar folgte, dann in Richtung Westen lief und zur Marktpforte abbog. Auf den Südgrundstücken der Wilhelm-Heinrich-Straße, unweit der Löwengasse, können respektable Reste davon besichtigt werden.

Über dem friedlichen Leben neben der Burg ballten sich von Zeit zu Zeit dunkle Wolken zusammen, nämlich immer dann, wenn dieser Frieden einem bösen Nachbarn nicht gefiel. Weil die Feinde nicht mehr mit Rammböcken, sondern mit schweren Pulvergeschützen anrückten, war der Bevölkerung nichts anderes übriggeblieben, als den neuen Mauerzug höher als den alten zu bauen, nach und nach mit Schießscharten und mächtigen Türmen zu versehen und auch die ursprüngliche Mauer an der Hintergasse entsprechend aufzurüsten. Nicht wenig Kopfzerbrechen bereitete dabei die Frage, woher man die vielen Gulden nehmen sollte, die für die «Befestigonge und Gewehr» aufzubringen waren. «In's Wirtshaus geht's schnell, doch langsam heraus», besagte ein Sprichwort. Jetzt hatte man wenigstens für das erste, vor dem Eheweib erklärungsbedürftige Tempo einen triftigen Grund parat, denn niemand wollte bei der Debatte über die Möglichkeiten der Geldbeschaffung in der Kneipe zu spät erscheinen. Weil selbst guter Rat teuer ist, wandte man sich letztendlich hilfesuchend an Graf Johann III. Dieser zeigte sich einsichtig und trat den Bittenden die Hälfte der herrschaftlichen Weinsteuer ab (1457). So war der Dämmerschoppen von heute auf morgen gewissermaßen eine vaterländische Pflicht geworden. Jeder stadtbekannte Trunkenbold, auf sich selbst gestellt ein schwankendes Rohr, stand bei den strengen Sittenwächtern plötzlich in hohem Ansehen, galt er doch von nun an als vorbildliche Stütze der öffentlichen Sicherheit. So etwas spornt an. Seitdem ging es in Saarbrücken noch schneller ins Wirtshaus – und noch langsamer heraus.

Geld ist ein guter Diener, aber ein böser Herr

Man soll nie Geld ausgeben, bevor man es hat. Diesen Wahrspruch beherzigten auch Dachdecker Georg Müller und Tagelöhner Claus Becker, die um 1600 in Saarbrücken ihrem Beruf nachgingen. Das bescheidene Verhalten dieser beiden wie ihrer Zeitgenossen hatte weniger mit schmerzlichen Verzichten auf eine ohnehin beschränkte Gütervielfalt als mit der Grundeinstellung zum Geld wie zum Leben überhaupt zu tun. Gelegentliches Aufbegehren gegen Machtmißbrauch wie zur Zeit des Bauernkrieges 1524/25 widersprach nicht dem tief verwurzelten Glauben, daß die Lebensverhältnisse jedes einzelnen durch höheres Walten vorherbestimmt waren wie die Gattungen im Tierreich. «Gott hat drei Leben geschaffen: Ritter, Bauern, Pfaffen», beschrieb im 13. Jahrhundert der fahrende Dichter Freidank kurz und bündig die frühständische Ordnung, an der sich lange nichts ändern sollte. Kein Bauer hätte auch nur daran gedacht, von geliehenem Geld ein Pferd zu kaufen und den Ritter zu mimen, wo man als guter Christ schon vor dem Geldzins zurückschreckte, weil dieser, wie der Pfaffe wußte, eine versteckte Form sündhaften Betruges darstellt. Wie leicht nimmt es dagegen der moderne Mensch. Er pfercht mit leeren Taschen gleich hundert Pferde in eine Box. Die drückende Zinslast ist schnell vergessen, wenn er im Schweinsgalopp seinem Schattenbild nachjagt und sich für Ritter Kunibert hält.

Das böse Geld, die böse Welt. Das sagt sich so dahin, obgleich jeder weiß, daß wir ohne den begehrten Stoff sogleich wieder auf der untersten Stufe allen Wirtschaftens, bei der reinen Naturalwirtschaft, angelangt wären.

Originalurkunde über die Verleihung des Münzrechtes an Philipp I. Graf von Nassau-Saarbrücken vom 18. Januar 1398

In dieser Urform des Versorgens stellte jede Gemeinschaft sämtliche Bedarfsgüter noch selbst her. In fortgeschrittener Zeit begann man, Güter auch für den Tauschhandel zu produzieren. Wie schwerfällig reiner Gütertausch ist, war schon in den Frühperioden asiatischer Kulturen erkannt worden. Wollte man einen Karren gegen einen Ochsen einhandeln, mußte erst der passende Tauschpartner gefunden werden, und der stand nicht immer wie gerufen als Ochs vor dem Tor. Wieviel bequemer war es da, ein allgemein anerkanntes Tauschmittel zu benutzen, das man vom Nachbarn, der gerade den Karren brauchte, entgegennahm, um es bei nächster Gelegenheit für einen Ochsen weiterzugeben. Die Erfindung des Geldes (mhd. gelt=Vergeltung, Ersatz) ist eine der bedeutendsten Kulturleistungen der Menschheit. Die Zerlegung des Tauschaktes in zwei zeitlich und örtlich voneinander getrennte Geschäfte bedingte natürlich, daß für sämtliche Waren ein Tauschwert, nämlich der Preis, feststand. Unter dieser Voraussetzung war es möglich, über Länder und Meere hinweg Handel zu treiben.

Die Benutzung von Geld beherrschten schon die keltischen Ureinwohner unseres Raumes. Ihre bis zu einem Vierundzwanzigstel des Einheitswertes unterteilten, geldähnlichen «Statere» verknüpften die regionalen Märkte zwischen Donau und Seine mit dem mediterranen «Welt»markt. Wie hoch das Geldwesen der Römer ausgebildet war, belegen zahlreiche Münzfunde nicht zuletzt auch an Mosel und Saar. Die fränkischen Merowinger verfügten als deren Schüler selbstverständlich über ein ebenso entwickeltes Münzwesen. Ihre Könige vergaben die Münzprägung gewöhnlich als Konzession an Goldschmiede. Als erster ließ Theudebert I. (534-548) Münzen schlagen. Im 7. Jahrhundert waren an achthundert verschiedenen Orten, in Städten und auf ländlichen Adelshöfen, Prägeanstalten in Betrieb. Es ist keine Frage, daß dieses Geld auch am fränkischen Königshof «Fulcolingas» (Völklingen) durch die Finger rann. Der Hof lag am Schnittpunkt der im Köllertal zur Saar verlaufenden Straße mit dem alten Weg von Saarbrücken nach Trier. «Fulcolingas» wird urkundlich erstmals 822 erwähnt.

Saarbrücken hatte das Glück, an ungleich gewichtigeren Handelsstraßen zu liegen, was der Entwicklung des örtlichen Gewerbes nur dienlich sein konnte. Klingende Münze, wurde gesagt, brachte das Rad um 1400 zunehmend in Schwung. Aber hörte sich ihr Klang auch noch so verlockend an, als vollwertige Münze wurde nur die anerkannt, die ihren vollen Wert auch in dem Stoff trug, aus dem sie gemacht war. Diese Forderung erfüllten nur die relativ seltenen Edelmetalle Gold und Silber. Kurz gesagt, was gut klang, sollte auch «von echtem Schrot und Korn» sein. Als Schrot bezeichnet man das absolute oder Rauhgewicht der aus mehr oder weniger stark legiertem Gold oder Silber hergestellten Münze. Das Korn gibt an, wieviel reines Edelmetall in einer Gewichtseinheit des verwendeten Münzmetalls steckt. Außer den begehrten Goldfüchsen und Silberlingen war eine Vielzahl sogenannter Scheidemünzen in Umlauf. Sie bestanden günstigstenfalls aus stark silberhaltigem Kupfer, gewöhnlich aus unedlen Metallen wie Kupfer, Nickel oder Bronze. Weil sie vorwiegend den Zahlungen im Kleinverkehr dienten, brauchten sie als gesetzliches Zahlungsmittel nur bis zu einem bestimmten Betrag angenommen zu werden. Auch heute noch bekäme man, vom inneren Wert eines Tausendmarkscheines ganz zu schweigen, Schwierigkeiten, wollte man einen edlen Teppich gegen die Hingabe von Groschen und Pfennigen erwerben.

Am Fernhandelsplatz Saarbrücken trafen Währungen aus aller Herren Länder zusammen. Wer verstand da noch, wie die Kaufleute es erwarteten, die goldenen Rosenobel, Schiffnobel, Engellot (England), Sonnen Cron (Frankreich), Pistolet Cron (Italien, Spanien) und Albertiner (Niederlande) untereinander zu verrechnen? Wer vermochte da noch die silbernen Genueser Dölpel, spanischen Real, französischen Dicken, Metzer Teston und Bononier aus Italien wertgerecht zu tauschen? Aber damit noch nicht genug. Auch der ehrenwerte Pfennig, nach der Münzordnung Karls des Großen 240 Stück aus einem Pfund Reinsilber zu schlagen, verdiente Beachtung. Ebenso der Heller (Anfang des 13. Jhs. zuerst in Hall/Schwaben geprägt, zu Beginn Silber-, später Kupfergeld), der Gulden (1252 zuerst in Florenz

Alte Prägemaschine zur Herstellung von Münzen

geprägte Goldmünze mit Johannes dem Täufer auf der Vorder- und einer Lilie mit der Umschrift «Florentia» auf der Rückseite; von lat. flos=Blume die Bezeichnung Florin und die Abkürzung fl.), der Groschen (um 1300 als «grossi pragenses» von König Wenzel II. nach Wertverfall des alten Pfennigs als wertvollere Münze zur Zahlungserleichterung in Umlauf gesetzt), der Kreuzer (im 13. Jh. zuerst in Tirol geschlagen und nach dem aufgeprägten Kreuz benannt), der Albus (seit 1360 als «albus nummus» im westlichen Deutschland übliche kleine Silbermünze; zur Unterscheidung vom geringhaltiger ausgeprägten Schwarzpfennig auch Weißpfennig genannt), der Batzen (Silberscheidemünze, gegen Ende des 15. Jhs. zuerst in Bern geprägt und auf das Wappentier des Kantons, den «Batz» oder Bär, getauft) und der Taler (1484 zuerst in Hall/Tirol, später auch in Joachimsthal/Böhmen geprägte, mit der Endsilbe des böhmischen Prägeortes bezeichnete Silbermünze).

Es besteht kein Zweifel, daß die vorerwähnte lombardische Bank in Saarbrücken (1271) ein Platz gewesen ist, wo viele der genannten Währungen gehandelt wurden. Wer an einem Ort wie hier im Wechselgeschäft tätig war, konnte gut verdienen. An der Euro-Währung hätten die Bankiers deshalb bestimmt kein Interesse gehabt. Auf dem Zähltisch (ital. banco=Bank) der Geldwechsler stand als unerläßliches Inventar eine Waage, weil kleinwertige Münzen bei größeren Zahlungen der Bequemlichkeit halber auf ein «Pfund» gewogen wurden. Wer in Saarbrücken von Münzen nicht mehr verstand, als sie auszugeben, der mußte den Geldhändlern scharf auf die Finger sehen, wenn sie blitzschnell einen Gulden in 15 Batzen oder 60 Kreuzer, einen Batzen in 4 Kreuzer oder 2 Albus, einen Kreuzer in 4 Pfennige oder 8 Heller und einen Groschen in 12 Pfennige tauschten.

Das Recht zur Geldprägung (Münzregal) besaß allein der König. Die praktische Ausübung des Münzens übertrug er bis ins 14. Jahrhundert ausgesuchten Personen, die als Geldhändler dem städtischen Patriziat, jedenfalls aber der finanziellen Oberschicht angehörten. In Saarbrücken gab es keine solche «Münzhausgenossenschaft», wohl aber in Trier, wo 1180/90 ein Münzmeister mit sechs Gehilfen die Geldherstellung betrieb. Seit Mitte des 14. Jahrhunderts verlieh der König das Münzregal nur noch geistlichen oder weltlichen Territorialherren. Der Akt der Verleihung galt als ein besonderer Gnadenerweis, der, man kann es sich denken, an außerordentliche Verdienste des Erwählten geknüpft war. Gab es in Saarbrücken damals schon solche Herren? In einer Urkunde aus dem Jahre 1303 zeichnet sich zwar eine dünne Spur allerhöchster Gnade ab, aber die Fachwelt neigt heute mehr einer üblichen Wechselstube oder einer landesherrlichen Einnahmestelle zu, die sich hinter der Andeutung verbirgt. Wie auch immer, am 18. Januar 1398 war der Tag der großen Ehrung gekommen. König Wenzel IV. verlieh Graf Philipp I. um der Dienste willen, die «unser und des Reichs lieber Getreuer uns und dem Reiche oft gethan, täglich thut und fürbaß thun soll», das Recht, «in sinem Sloß zu Sarbrucken» goldene und silberne Münzen zu schlagen «off soliche korn und offzahl als daz in den landen daselbst umb gewohnlich ist.» Die Münzwerkstätte ist für das Jahr 1404 schwarz auf weiß bezeugt. Sie befand sich nicht «in sinem Sloß», sondern in der Stadt neben dem Haus des Bürgers Simon Donzer. Der Saarbrücker Goldgulden und Silbergroschen sind Meisterwerke gotischer Münzkunst. Im Saarland Museum zu Saarbrücken ist ein Silbergroschen ausgestellt. Auf der Vorderseite zeigt er als Herzstück das von einem doppelten Perlkreis mit Inschrift umzogene nassau-saarbrückische Wappen. Inmitten der Rückseite ist ein bis an den äußeren Schriftkreis reichendes Kreuz zu sehen. Die Deutung der Symbolik ist einfach: Gott herrscht, Philipp herrscht, jeder in seinem Bereich. Die Chronisten haben vergessen, uns mitzuteilen, bis wann das geteilte Regieren von Gott- und Landesvater auf diese Weise deutlich gemacht wurde. Sicher ist nur, daß die

Silbergroschen des Grafen Philipp I. (Avers)
Umschrift: Moneta Opidi Sarbrugensis/Münze der Stadt Saarbrücken

Münzproduktion eines Tages aufhörte. Das Münzrecht aber haben die Grafen von Nassau-Saarbrücken bis zum Erlöschen ihres Hauses niemals verloren.

Schon Platon wußte, daß Kriege letztlich um des Geldes Besitz entstehen. Wer sich auf einen Krieg einläßt, sollte allerdings die hohen Kosten eines solchen Abenteuers nicht vergessen. Das bekam in Saarbrücken gleich zu Beginn des Dreißigjährigen Krieges auch Graf Ludwig zu spüren. 1621 klagte er darüber, daß alle Münzen von echtem Schrot und Korn außer Landes gebracht, dagegen allerhand geringhaltige Münzen von außen eingeschleppt würden. Ludwig warnte seine Untertanen: Traut keiner Außenseite! Die Leute machen falsches Geld, das Geld macht falsche Leute! Aber gegen das Treiben der «Kipper» (von kippen=Geld beschneiden) und «Wipper» (von wippen=Geld wägen) war kein Kraut gewachsen. Sie rafften das gute Geld zusammen, schmolzen es ein und gaben dafür solche Unmengen blechern klingender Münzen aus, daß die Inflation immer schneller dahingaloppierte. Man will es nicht glauben, aber unter den tief ins Gesicht gezogenen Hutkrempen der Geldfälscher verbarg sich so manches Antlitz von Münzherren, die ohne die Tarnkappe höchste Ehrungen genossen. Auch Ludwig mußte sich etwas einfallen lassen, um Geldverkehr und Handel zu retten. Da schoß ihm das ererbte Münzrecht durch den Kopf, und er beschloß, silberne Landmünzen zu prägen, die auf den Märkten noch etwas galten. Kupfer, Weinstein, Salz, Tiegel, Kohlen und weitere Utensilien waren schon bestellt, als das Vorhaben zu guter Letzt an der Beschaffung des Edelmetalls scheiterte. Also blieb es dabei, daß die umlaufenden Pfennige, Kreuzer und Batzen beim Einkauf von Obst und Gemüse für den Saarbrücker Wochenmarkt in Lothringen keine Gegenliebe fanden, das heißt nicht in Zahlung genommen wurden.

Gegen Ende des 17. Jahrhunderts kam es in Deutschland, wieder unter dem Druck kriegerischer Ereignisse, zu einer zweiten erheblichen Geldentwertung. Wenn auf einem vollen Geldsack der Teufel sitzt, hockt er auf leerer Kasse zweimal. Daß Luzifer, wenn es denn sein muß, von echtem Schrot und Korn nichts hält, hatte er der Welt schon einmal gezeigt. Diesmal mißbrauchte er Graf Gustav Adolph als Handlanger, der beim zweiten Ritt ein bißchen mitkippen und mitwippen sollte. Dem Grafen war von Anfang an nicht wohl in seiner Haut, weshalb er den lieben Vetter Johann Ludwig von Ottweiler ins Vertrauen zog. Auch dieser witterte Gefahr. Besorgt riet er 1667 in einem geheimen Schreiben nach Saarbrücken, man müsse «in der sach behutsam gehen, damit wir nicht gar um das regale kommen.» In Münzmeister Happert zu Hagenau glaubte das durchlauchte Duo jenen Mann gefunden zu haben, der die Sache in Saarbrücken zur Ausführung brächte. Nach mehrfachem Briefwechsel bekam Happert kalte Füße. Mit der «bösen müntz», ließ er wissen, wolle er besser doch nichts zu tun haben, weil solches «schmelzen bey verliehrung leibs und guths verbotten» sei. Auch Gustav Adolph rutschte daraufhin das Herz in die Hose. Als der Münzmeister später bedauernd nachsetzte, es sei ihm «sehr leydt, daß das werk seinen Fortgang nicht gehaben mag», hatte sich das Vorhaben schon längst im Sande der Saar verlaufen.

Lieber Geld ohne Taschen, als Taschen ohne Geld. Davon waren vor allem Dachdecker Müller, Tagelöhner Becker wie alle anderen überzeugt, die von der Hände Arbeit, um nicht zu sagen von der Hand in den Mund lebten. 1623 erließ Graf Ludwig die «Sarbrückische Müntz- und Tax-Ordnung», aus der hervorgeht, was der Schweiß eines Tagewerks an den Marktständen oder beim Handwerker nebenan wert war. Der Lohn eines Dachdeckergesellen entsprach auf den Heller dem eines Maurers oder Zimmermanns und kam auf vier Batzen. Dafür ließen sich wahlweise eine Gans, zwei Hühner, zwei Pfund Hecht, fünf Pfund Weißfisch, vier Pfund Rindfleisch, vier Pfund Hammelfleisch oder sechs Pfund Kalbsgekröse kaufen. Ansonsten reichte der Tagelohn eines Gesellen zum Besohlen von einem Paar «Mansstiffel». Der Schmied war bereit, dafür ein Beil anzufertigen, der Schlosser vier Schlüssel, der Nagelschmied 530 Schuhnägel, der Küfer zwei Wasserzuber, der Stricker ein Paar Kinderstrümpfe. «Ein neuer Wagen sampt aller zugehör», fast schon ein Luxus, setzte dagegen gleich neun Tagelöhne voraus. Da war es am Ende doch günstiger und auch dem Hausfrieden einträglicher, der besseren Ehehälfte einen neuen Mantel zu schenken, was nur drei Tage Arbeit verursachte. Der Tagelöhner war in allem bedeutend schlechter dran, weil er abends, allerdings beköstigt, nur zwei Batzen nach Hause trug. Um den Tisch kaufen zu können, auf den er aus Verzweiflung über seine Lage die Faust hauen wollte, waren ihm zuvor sechs saure Werktage auferlegt.

Könnten wir den Dachdecker fragen, ob er seinen Beruf lieber heute ausübte, käme die Antwort wohl erst nach einigem Zögern. Zu seinen Lebzeiten stand er für ein Pfund Rindfleisch zwei Stunden auf dem Dach. Heute könnte er diese Mahlzeit schon nach zwanzig Minuten genießen. Bei der Anschaffung einer Bettstatt sah es in seiner Welt günstiger für ihn aus: nur acht, heute dagegen achtzehn Stunden Höhenluft auf dem Kirchturm. Weil der Dachdecker ein echter Saabrigger Bub war, liegt seine Entscheidung klar auf der Hand. Er gäbe ein paar zusätzlichen Steaks auf dem Schwenker den Vorzug und würde das Bett auf dem Trödelmarkt kaufen.

Auf hohen Türmen wehen starke Stürme

Um 1450 hatte Saarbrücken rundum jenes Aussehen, das wir von einer spätmittelalterlichen Stadt erwarten. In einem erhalten gebliebenen, sorgfältig angelegten «Verzeignonge» sind unter besonderer Kennzeichnung von Ställen und Scheunen sämtliche 243 Gebäude im Mauerring und in den beiden Vorstädten mit den Namen der jeweiligen Besitzer aufgeführt. Einige dieser Namen wie Stopsloch, Gänseprediger oder Rurpeffer (Rührpfeffer) hätten in einem deftigen Volksstück bestimmt für Heiterkeit gesorgt. In der Kernstadt standen auch neun Häuser gräflicher Lehnsmänner, deren Sippenamen dagegen wie Sterne am Himmel leuchteten.

Schon von weitem konnte der Anreisende Tore, Türme und Mauern der Stadt wahrnehmen. Mit Toren ging man im allgemeinen sehr sparsam um. Einerseits stellten sie die lebensnotwendige Verbindung zur Außenwelt her, aber jede weitere Öffnung im Mauerzug bedeutete auch eine erhöhte Gefährdung der Sicherheit. Saarbrücken gehörte mit dem Markt- und Rauschentor anfänglich zur Gruppe der Zweitorstädte. Zu einem zusätzlichen Tor entschloß man sich in der Regel nur dann, wenn der Verkehr es dringend erforderte. Als die Neugasse ummauert wurde, mußte ein Durchlaß zur Fähre berücksichtigt werden, wobei die Saarpforte entstand (1412), durch die ein Pfad an den Fluß heranführte. Aus ähnlichem Grund sind auch andere an Flüssen gelegene Städte zur Dreitorstadt aufgerückt (Landsberg, Miltenberg). Außer den Haupttoren gab es in Saarbrücken die Eiserne Pforte (1540?) in der Nordostecke der Mauer, durch die man ins Garten- und Weideland vom Neugelände fuhr, und die Hinterpforte (1302) im Süden, durch die man zu den Bürgergärten im «Gebück» gelangte. Beim Bau der (Alten) Brücke (1547-1549) kam die Brückenpforte hinzu.

Die Bürger verfolgten das Entstehen der Brücke mit Staunen und großer Bewunderung. Beim Abendschoppen fanden sie kein Ende, die unschätzbaren Vorteile zu bereden, die das Bauwerk ihnen und der ganzen Stadt bringen würde. Nur der Gastwirt zeigte keine Begeisterung. Wozu sollte die Brücke ihm nützlich sein, wenn die Kaufleute bei gesegnetem Hochwasser einfach

Sturmerprobter Wetterhahn

Alte Brücke mit Brückenpforte und ehemaliger Fährstelle (um 1550)

darüber hinwegfahren, statt wie bisher zwei, drei oder vier Tage festzuliegen und in seinem Hause Einkehr zu halten? Am Tage der feierlichen Einweihung des steinernen Lindwurms aber war es auch ihm unmöglich, sich der Faszination zu entziehen, nicht in den Jubel einzustimmen, in den die Menschen hüben wie drüben ausbrachen. Welch meisterliches Gebilde war da entstanden! Man überschlug sich in Lobpreisungen. Der gräfliche Leibarzt Hieronymus Bock konnte sich nicht enthalten, von «der allerschönsten, gewaltigsten, Kaiserlichen steinern Brucken über den lieblichen Wasserstrom der Sar» zu fabulieren, womit man Ihro Gnaden, dem Grafen, «ein ewig währende Gedächtnuß aufgerichtet» habe. Die Ausgabe von 20 000 Gulden hatte sich wirklich gelohnt. Auf einer Länge von 550 Fuß (169 Meter) spannten sich vierzehn Bogen von Ufer zu Ufer. Die Höhe über dem normalen Wasserspiegel maß 31 Fuß (9,5 Meter), die obere Breite 24 Fuß (7,4 Meter). Eine spektakuläre Pionierleistung dieser Art ist den Saarbrückern erst nach 450 Jahren mit der Gleisverlegung für die Stadtbahn ein zweites Mal gelungen.

Wie Tore und Pforten fügten sich auch die Türme in die Stadtmauer ein. Da man aus Erfahrung wußte, daß mit ihrer Anzahl die Sicherheit wächst, nahmen selbst kleine Städte hohe finanzielle Belastungen in Kauf, um die Mauer mit möglichst vielen Turmbauten zu bestücken. Saarbrücken glich mit mageren acht, gemessen an Nordhausen mit über siebzig, einem Zwinger voll Löwen, die mehr auf ihre Tatzen und Krallen als auf die Abschreckung durch Steinklötze setzten. Es waren dies, von der Saar her gezählt, der Runde Turm, der Turm bei der Herrenscheuer, ein weiterer Turm etwas abseits der Stadtmauer stadteinwärts und der Sackturm am Ende eines gleichnamigen Gäßchens, in dem sich das Stadtgefängnis befand. Es folgte der Turm über dem Markttor. In der älteren Ummauerung bei der Hintergasse traf man die Türme am Kirschbaum, an der Hinterpforte und am Rauschentor an. Sämtliche Türme, um 1435 errichtet, waren oben flach, weil militärische Erwägungen begehbare Plattformen erforderten. Die «Abtsquader» für die Türme, auch für die Stadtmauer, wurden aus Ensheim geliefert, wo das Kloster Wadgassen Steinbrüche besaß.

Als geschäftiger Mittelpunkt jeder Stadt wurde die Marktstätte angesehen. In der zweiten Hälfte des 12. Jahrhunderts war aus der planmäßigen Gestaltung der Hauptstraße zur verbreiterten Marktanlage ein selbständiger Raum hervorgegangen, der in meist rechteckiger Form senkrecht zur Hauptstraße lag (Brandenburg, Stendal). Die Schmalseite vom Rechteck des ursprünglichen Saarbrücker Marktes grenzte beim Herrgottsbrunnen nahe der Marktpforte an die Häuser der Vordergasse. Die Länge des Platzes war auf die Stadtmauer bei der Hintergasse gerichtet. Nur wenige Schritte vom Brunnen in Richtung Marktpforte befand sich das erste Rat- und Gerichtshaus, vor dem drei Säulen standen. Als Urahnen der Litfaßsäule dienten sie der Ankündigung einer Versteigerung und dem Aushang anderer öffentlicher Bekanntmachungen auf Zetteln, die an Holzschindeln befestigt waren. Die Gastwirtschaft «Zum alten Rathaus» in der Schloßstraße 48 erinnert an diesen historischen Standort. Ab 1498 lenkte man aus dem «die Ecke» genannten Gebäude die Geschicke der Stadt. Es stand gegenüber der Burg und war von Graf Johann Ludwig zum neuen (Alten) Rathaus bestimmt worden. In ihm befanden sich der Sitzungssaal für Rat und Gericht, die Räume für Stadtschreiber und Finanzverwaltung, ein kleiner Saal für Empfänge und Tanzveranstaltungen, eine Ratsstube mit Ausschank und einige Lagerräume (Ratskeller). Kurz darauf zogen auch die Markthändler um. Sie bauten ihre Fleischbänke und Gemüsestände jetzt regelmäßig zwischen «der Ecke», dem Burggraben und der Schloßinsel (ehemalige Häusergruppe beim Vor- und Frühgeschichtlichen Museum) auf, wo der Marktmeister über die Einhaltung der Marktordnung wachte. Solange die «eiserne Hand» an der Rathauswand steckte, war der Erwerb von Kornfrüchten nur Bäckern und Aufkäufern gestattet. Allen anderen Verbrauchern war das Kaufen erst nach «abgethaner Hand» erlaubt. Während der Kirchpredigt feilgebotenes Handelsgut jeder Art wurde beschlagnahmt und dem Armenhaus zugewiesen. Wenn die Pest wütete, fand der Markt aus Sicherheitsgründen unter den Bogen der Alten Brücke oder in der Vorstadt bei der Marktpforte statt.

Blick von Südwesten auf die Schloßkirche (um 1920)

Wirtschaftliches Wachstum hatte zur Folge, daß auf geeigneten Flächen Spezialmärkte entstanden. So kamen im 15. Jahrhundert der Fischmarkt vor der Saarpforte, der Viehmarkt am Turm bei der Herrenscheuer und, wegen der Brandgefahr vor den Stadtgraben gelegt, der Holzmarkt auf dem Gelände der nachmaligen Friedenskirche hinzu. Gleich unterhalb der Schloßkirche lag eine Häusergruppe, die man die «Metzgerinsel» nannte. Hier machten die Grafen von ihrem Recht Gebrauch, herrschaftliche Fleischbänke aufzustellen und daraus Abgaben zu erheben.

Straßen, die eigentlich nur Gäßchen waren, gab es in Saarbrücken ganze zwölf. Es waren die Vordergasse, Hintergasse, Talgasse, Kirchgasse, Hohlgasse, Saargasse, Neugasse, Küfergasse, Probsteigasse, Sackgasse, Kettengasse und der Weg von der Marktpforte zum Heiligkreuzspital in der westlichen Vorstadt. Die Baumeister, die sie anlegten, fragten nicht nach malerischer Wirkung, sondern nach Zweckmäßigkeit. So wurden die Gassen zur Stadtmauer, zu den Toren und zur Saar hin bewußt verengt und zusätzlich mit Eisenketten gesichert, weil die Verteidigung der Stadt an diesen Stellen besonders kompliziert war. Eine gräfliche

Verordnung von 1461 befahl, daß jeder vor seinem Haus vier Fuß (1,25 Meter) breit «powayen» (pflastern) soll, weil die Gassen nach starken Regenfällen morastig und nur mit Brettern unter den Schuhen passierbar waren. Seit 1603 erhob die Stadt von sämtlichen durchfahrenden Fuhrwerken ein Wegegeld zur Unterhaltung des Straßenpflasters. Auch in anderen Bauangelegenheiten durfte nicht jeder tun und lassen, was ihm gerade einfiel. Eine Bauordnung schrieb vor, daß neu errichtete oder an die Straße vorgerückte Häuser nicht weiter als bis an die vom Gericht gezogene Schnur reichen durften. An die Straßenseite des Hauses einen Erker zu setzen, war nicht erlaubt. Untersagt war auch die Umnutzung von Ställen zu Wohnzwecken, damit der Graf den Pferden seiner vielen Gäste wie bisher «ein Bett» bieten konnte. Zwei Häuser in eines zu verbauen wurde von der Obrigkeit als unerwünschte Schwächung der Wehrkraft angesehen, denn der Hut- und Wachtdienst der Bürger war auf den einzelnen Hausbesitz bezogen. Unter Umständen konnte die Dienstpflicht gegen Zahlung von fünfzig Gulden abgelöst, das Doppelhaus also gebaut werden («Hausbefreiung»).

Man sagte in damaliger Zeit, mit einem Herrn stehe es gut, wenn er das, was er befiehlt, auch selber tut. Die Saarbrücker Bürger brauchten sich über die Bautätigkeit ihrer Obrigkeit nicht zu beklagen. Daß die Herren Grafen dabei mit größerer Elle als alle anderen maßen, versteht sich von selbst. Graf Johann III. dachte noch mehr an Sicherheit, als er die Burg neu befestigen ließ, wobei einige Burgmannenhäuser weichen mußten. Graf Johann Ludwig hielt es dann schon eher mit der Wohnlichkeit, indem er den Bau seiner Vorväter ansehnlich erweiterte, so daß Graf Johann IV. gleich durch mehrere reich ausgestattete Räume wandeln konnte. Graf Philipp III. leistete sich an der Felskante zur Saar ein viertürmiges Sommerhaus. Graf Ludwig setzte allen baulichen Eigenbefehlen der Nassau-Saarbrücker Dynasten die Krone auf. Aus seiner großen Umbauaktion ging alles andere als ein gräfliches Reihenhaus hervor, sondern, aus alten und neuen Bauteilen geformt, ein prächtiges Renaissanceschloß, das von einem aufwendig gestalteten Uhrturm überragt wurde (1602/17).

Saarbrücker Renaissanceschloß (um 1700)

Ein Handwerker zu Fuß ist größer als ein Edelmann zu Pferd

Ungefähr 1450 zählte Saarbrücken das erste Tausend an Einwohnern. Weil das Namensrecht noch schwach ausgebildet war, blieb die Namensgebung jedem selbst oder anderen überlassen. Die ersten Zuwanderer nannten sich schlicht und einfach nach ihrem Herkunftsort. Klaus von Widerstorff, Wolff von Gichenbach waren also keineswegs Adlige, sondern zugezogene Freie vom Lande. Als das ehrsame Handwerk seinen goldenen Boden gefunden hatte, wurde es üblich, die Gewerbebezeichnung hinter dem Personen- zum Familiennamen zu machen: Hans Müller, Jost Schmitt (Schmied). War der Familienname keinem Gewerbe entlehnt, stand er meist im Genitiv vor dem Personennamen: Brantten Klesgen (Nikolaus Brand), Reutters Berbel (Barbara Reuter). Hieß man Schramm (von Schramme, Narbe), Fröhlich oder Spergorlin (Spätzchen), hatten Witzbolde ein Körpermerkmal oder einen Charakterzug zum Namen gekürt. Beliebte männliche Vornamen in Kurzform lauteten Endres (Andreas), Thies (Mathias), Hengin (Heinrich). Frauen taufte man gern auf Namen von heiligen Vorbildern: Elisabeth, Katharina, Margarethe. Oft wurden sie auch mit der weiblichen Form des Familiennamens wie Häsin, Frau des Bürgers Hase, angeredet.

Wie überall war auch in Saarbrücken die mittelalterliche Stadtgesellschaft von oben nach unten streng gegliedert. Das Urgestein der dünnen, aber tonangebenden Oberschicht bestand aus den alteingesessenen Geschlechtern zum Teil noch aus der Burgmannenzeit, die in der Stadt nach wie vor mit Häusern belehnt waren. Ihre klangvollen Namen könnten einem Ritterroman entstammen: von Soetern, Hunolstein, Fleckenstein, Greiffenclau. Als nicht minder einflußreich galten die in Hofämtern aufgestiegenen oder im Dienst geistlicher Herren stehenden Ministerialen. Zu diesen Notabeln gehörten der Burgvogt des Grafen und das Auge und Ohr des Bischofs von Metz, der Dechant des Stiftes St. Arnual. Wo ein Stammbaum oder ein Amt fehlte, tat es das Geld. Die Kaufleute-Aristokratie übte sich nicht nur im Scharren von Gulden, sondern auch in der Orientierung am Lebensstil des Adels. 1624 wurde Samuel Bruch eingebürgert, dem später die Schmidtborn, Karcher und Korn als Handelsherren und Bankiers folgten. Die wenigsten der Hautevolee kamen aus dem Handwerkerstand. Außer Goldschmieden und Juwelieren schaffte es kaum jemand, in den Olymp aufzusteigen.

Die breite Mittelschicht stellten die Bürger, die als kleine Kaufleute, Krämer, Handwerker, Gewerbetreibende, Advokaten, Apotheker und Beamte ihr Dasein fristeten. Eines der hervorstechendsten Merkmale des Mittelalters war das Zunftwesen. Es erfaßte nicht nur die meisten Berufe, sondern so gut wie jede Betätigung und Lebensform, um auch an die Bettler- und Diebeszünfte und an die Vereinigungen gegen das Fluchen und Zutrinken zu denken. Gewöhnlich bestand die Aufgabe einer Zunft (Innung) in Schutz und Förderung der Geschäfte von Handwerkern und Gewerbetreibenden. Ihre Mitglieder waren aber auch religiösen und geselligen Handlungen verpflichtet, wobei Wohltätigsein gegenüber verarmten Brüdern und gemeinsame Essen und Trinkgelage obenan standen. Schon im 13. Jahrhundert strebte man auch nach politischem Ansehen, um die Vorherrschaft des Patriziats im Magistrat zu brechen. Damit eine schlagkräftige Front

Tischlade der vereinigten Zünfte:
Glaser, Drechsler, Küfer und Hafner (19. Jahrhundert)

Ehemalige Werkstatt der Bottichmacher in der Kirchgasse/Küfergasse

Gasse um 1900

entstand, schloß man sich zu «Bruderschaften» zusammen. Am Ende der Entwicklung waren die Handwerker ratsfähig geworden und gaben im Rathaus sogar den Kammerton an.

Als älteste Saarbrücker Innungen nennt uns die Chronik die Zünfte der Schneider und Kürschner (1413), Fischer (1435), Gerber (1454) und Schuhmacher (1460). Um die Mitte des 16. Jahrhunderts waren so gut wie alle Gewerke «zünftig» geworden, namentlich die Krämer, Metzger, Bäcker, Gold-, Waffen- und Nagelschmiede, Zimmerer, Schreiner, Wagner, Leyen(Dach)decker, Glaser, Steinmetzen, Schneider, Kürschner, Sattler, Küfer, Seiler, Kannengießer, Hafner, Uhrmacher und andere. Das Handwerk hatte einen beachtlichen Umfang angenommen. Von 280 Steuerpflichtigen gaben 90 einen handwerklichen Beruf an (1542). Die ersten Bruderschaften bildeten die Kupferschmiede (1474) und Achatschleifer (1478). Anno 1550 ließ sich die nach dem «lieben heiligen St. Lon» benannte Eulogius-Bruderschaft, der fast alle Baugewerke angehörten, von Graf Philipp II. den Zunftbrief bestätigen, wonach der Zunftmeister einem Meister die Annahme eines Auftrages verbieten konnte, wenn der Kunde einem anderen Meister noch Geld schuldete. Ein halbes Jahrhundert später wurde es

Pflicht, Zunftbücher anzulegen, in die sich jeder Meister ähnlich wie in unsere Handwerksrolle eintragen mußte. Auch die Anfertigung eines Meisterstückes war jetzt vorgeschrieben. Im 17. und 18. Jahrhundert erlangten unter vielen anderen die Oberzunftmeister Wölflin als Schultheiß, Hirthessen als Ratsmitglied und Zeisig als Vorsitzender des Stadtgerichtes politisches Gewicht. Das Zunftwesen verlor seine Bedeutung, als die Meister nicht mehr gewillt waren, an den Legion gewordenen Sitzungen der Innungsbürokratie teilzunehmen. Außerdem kamen bei den häufigen Zunftgelagen nicht gerade kleine Zechen zustande, die selbst von fleißigen Handwerkern kaum noch zu meistern waren. Die größte Ausdauer bewiesen die Schneider. Als sie den Deckel ihrer Bierkrüge und ihres Zunftbuches für immer zuklappten, waren aus den Ersten die Letzten geworden (1803). Das entspricht zwar göttlicher Verheißung, wirkt aber trotzdem wie ein verkehrt herum angeworfener Ärmel.

Zur Unterschicht zählte, wer kein festes Einkommen besaß und zusehen mußte, daß er wenigstens sein Auskommen fand. Auf dieser Stufe standen Kleinkrämer und Hausierer, deren «Fingerhut, Taschen und Nestel vil, Heftlein, Heklein, wie mans wil» aus der einen, «gute Schnur in die Unterhemd, auch hab ich Nadeln, Pursten und Kem» aus der anderen Ecke tönte und sich unter die Gesänge frommer Pilger, das Brüllen des Viehs in den Ställen, das Gröhlen der Weinseligen in den Wirtshäusern, das Klopfen der Hämmer in den Werkstätten, das Rattern der Wagen und das Schnauben der Zugtiere mischte. Auch Tagelöhner, Obdachlose und Familien ohne Ernährer gehörten zu den Kellerkindern. Die Bettler, von denen es in der Odyssee heißt, Scham bringe ihnen nichts als Elend, bildeten gar einen eigenen Berufsstand. Um Mitleid zu erregen, trugen sie einen mit Tierblut bestrichenen Arm in der Binde oder täuschten Epilepsie, nicht selten auch Blindheit vor. Sogar mit gemieteten Krüppelkindern wurde die Barmherzigkeit der Besserverdienenden herausgelockt. Als Gegenleistung für die Almosen betete man für das Seelenheil der Gebenden. Dabei galt Bettel-Armut durchaus als ehrbar, weil Unterstützung

Geiz ist die größte Armut

auf der einen und Fürbitte auf der anderen Seite als die zwei Hälften der geltenden Weltordnung gesehen wurden, genau so, wie es der kirchlichen Auffassung von arm und reich entsprach. Die Vereinbarung zwischen Himmel und Erde trat jedoch sofort außer Kraft, wenn das Elend wegen Mißernten oder Kriegen überhandnahm. Dann hielt es der Wohlstand ganz schnell mit dem Diesseits und ließ «den Bettel» aus der Stadt jagen. Das ewige Wohl spielte für mildtätige Geber auch bei Stiftungen eine wichtige Rolle. So ließ es sich selbst Graf Philipp II. nicht nehmen, «in Betracht des großen Jammers ... alter Leute, die ihre Tage mit ... Arbeit ehrbarlich hergebracht, denen aber aus Schwachheit des Alters ... nun Mangel an Leibesnahrung begegnet», in seiner Burg durch Einsetzen von 2200 Goldgulden zehn Unvermögenden eine Armenspeisung einzurichten (1550). Zweimal in der Woche durften sie kommen und bekamen Brot, Fleischsuppe, Gemüse, Kraut, donnerstags sogar «ein Gebratenes» gereicht. Auch ein Becher Wein ließ die Drangsal flüchtig verblassen. Eine moderne Spielart von Freigebigkeit sind Spenden an die Partei Notleidender mit dem Ruch undurchsichtiger Affären. Der Spender will nicht Gott, sondern einer irdischen Instanz gefallen.

Die Vagabunden sind das Salz der Erde
Spielhagen

Die seßhafte Bevölkerung bekam häufig Besuch von «unehrlichen» Leuten. Auf den Landstraßen, die nicht mehr als ausgefahrene Feldwege darstellten, bewegten sich in pittoresker Folge tagtäglich Spielleute, Zigeuner, Schatzgräber, Tänzer, Gaukler, Akrobaten, Taschenspieler, Quacksalber, Feuer- und andere arme Schlucker auf Saarbrücken zu. Das bunte Völkchen, allein schon deshalb in Verruf, weil es ohne festen Wohnsitz war, sorgte stets für Aufregung. Ein dunkelhäutiger Sohn des Windes, ein schwungvolles Tanzbein oder ein sangeslustiger Paradiesvogel versetzte die Mütter ohne Ende in Angst und Schrecken um ihre noch unschuldig geglaubten Töchter, die den radschlagenden Pfauen nur zu gern schöne Augen machten. Im Sommer 1598 gerieten etliche dieser Vagabunden, als sie Gersweiler Bauern beraubten, gar ins Fadenkreuz der Feldhüter. Nach seiner Gefangennahme saß das Gelichter, von Bürgern bewacht, im Wirtshaus «Zum Stiefel» (Neugasse) in Untersuchungshaft. Der Sackturm war erst nach gerichtlicher Feststellung von Schuld als Quartier vorgesehen.

Das ehemalige Wirtshaus «Zum Stiefel» befand sich an der heutigen Ecke Altneugasse/Markthallenstraße

Man will es nicht glauben, aber «unehrliche Leut» gab es auch unter den damals schon so seßhaften Saarbrückern! Diese schwerwiegende Feststellung bezieht sich nicht etwa auf die Mißachtung fremden Eigentums oder auf ähnliche moralische Verirrungen, sondern damit ist ganz sachlich eine soziale Randgruppe angesprochen. Was waren das für Bürger? Als Heinrich Lerch eine Urkunde über seine Geburt im keuschen Ehebett begehrte (1587), stand für ihn nicht weniger als seine «Ehrlichkeit» und damit die Möglichkeit auf dem Spiel, Handwerker werden zu dürfen. Ansonsten waren es ganz bestimmte Berufe, die im Zwielicht standen. Dazu zählten die Totengräber, die in den Häusern die Verstorbenen einnähen und sie morgens oder abends bei Öffnung beziehungsweise bei Schließung der Marktpforte auf den Gottesacker tragen und dort beerdigen mußten.

Peinlichst wurde auch der Scharfrichter gemieden. Er köpfte, henkte, verbrannte oder vierteilte die zum Tode Verurteilten. Kindsmörderinnen begrub er lebendigen Leibes. Diese Aufgaben setzten ein hohes Niveau handwerklichen Könnens voraus. Jede Amtshandlung wurde dem Scharfrichter einzeln vergolten. Außerdem hatte er ein Anrecht auf alles, was der Delinquent unterhalb der Gürtellinie trug. Wenn der Henker «butzte», das heißt bei der Hinrichtung einen Fehlgriff tat, wurde er vom zuschauenden Volk nicht selten mit Steinen beworfen, manchmal sogar erschlagen. Mit dem Vollzug von Todesstrafen waren die Tage des gefürchteten Mannes freilich nicht ausgefüllt. Der Richtplatz diente oft gleichzeitig als Schindanger (ahd. scinten=schälen), das heißt als Ort, an dem krepiertes Vieh enthäutet und die Kadaver verscharrt wurden. Gelegentlich kauften oder pachteten Scharfrichter diese Abdeckereien und stellten als Schinder einen «Halbmeister» ein, der ihnen die unliebsame Arbeit abnahm. Hans Michel Bauer vereinigte um 1670 in Saarbrücken und St. Johann das Amt des Scharfrichters und die «Schinderei» in einer Person. Auch andere Nebenbeschäftigungen des Scharfrichters waren nicht von Pappe: herrenlos umherstreunende, oft tollwütige Hunde einfangen, Abortgruben leeren,

Pferde, Rinder und Schweine kastrieren, Dirnen beaufsichtigen, Aussätzige aus der Stadt vertreiben. Für alle diese Tätigkeiten wurde er bezahlt und verachtet. Die Bürger mieden ihn, wo sie nur konnten. Eine Begegnung oder gar Berührung mit diesem Mann bedeutete Unglück, weil seine «Unehrlichkeit» als ansteckend galt. Beim Betreten eines Gasthauses mußte er laut Amt und Namen nennen, ein mitgebrachtes Trinkgefäß vorweisen und auf einem dreibeinigen Schemel Platz nehmen. Jeder Handwerker wäre sofort aus der Zunft ausgestoßen worden, hätte er ihn zu einem Trunk eingeladen. Sein Vieh durfte nicht mit dem der anderen weiden. Er durfte kein öffentliches Badehaus benutzen, wurde zu keiner Hochzeit eingeladen. So kam es, daß Söhne und Töchter von Scharfrichtern nur untereinander heirateten. Auf diese Weise entstanden ganze Scharfrichter-Dynastien, von denen die der Sansons in Paris am bekanntesten ist. Auch Scharfrichter Bauer war verheiratet. Seine Frau Anna Eleonore schenkte ihm fünf Kinder, die bezeichnenderweise alle Namen von Heiligen trugen. An die Saarbrücker Richtstätte, das alte Hochgericht, erinnern die in Chroniken zu findenden Flurbezeichnungen «jhensit dem galgenn» (1519), «bis an den halben galgen grundt» (1536), «ihm galgen grundt» (1635), «an dem weeg der in den galgengrundt gehet» (1694), «von dem alten rotenhofer Feldland Einen Acker, oberhalb der Galgendell» (1766). Noch heute kennzeichnet der Straßenzug «In der Galgendell» an der Metzer Straße den grausigen Platz, wo der Henker den Todeskandidaten den Strick um den Hals legte. An der Nordwestseite der katholischen Pfarrkirche von St. Johann läßt sich ein eingemauerter Grabstein finden (1772), auf dem zu lesen ist: «Sanft ruhet hier Johann Nikolaus Rehn.» Alle anderen Toten ließen die Zeitgenossen, auf dem Leichenstein sichtbar, sanft und außerdem «in Gott» ruhen, was einem Scharfrichter nicht zugestanden wurde: eine bezeichnende Lücke auf dem rötlichen Leichenstein an der Kirchenmauer (Nachbildung; Original in der benachbarten Wandelhalle), über die der barmherzige Gott längst hinweggesehen hat.

Mit Verunehrung belegt waren auch die Dirnen. «Sie wollen nur ihr Vergnügen mit den Männern haben, aber nicht die Arbeit mit den Kindern», wetterte Berthold von Regensburg gegen sie. Wie wenig er damit ausrichtete, zeigten die zahlreichen Freudenhäuser, von denen selbst kleine Städtchen gleich mehrere besaßen. Die «Hübschlerinnen», unter denen man nicht selten verheiratete Frauen antraf, waren organisiert wie jedes andere Gewerbe. Wie im Geschäftsleben üblich, hatten auch die Gunstgewerblerinnen Konkur-

Grabstein des Scharfrichters
Johann Nikolaus Rehn (1772)

Mittelalterliche Badeszene (1548)

renz, die in diesem Falle ausnahmsweise schlief, was den Damen verständlicherweise gegen den Strich ging. Deshalb kontrollierten sie das unbefugte Treiben der lästigen «Bönhäsinnen» (nddt. Bönhase=nichtzünftiger Handwerker), meistens Mägde, Kellnerinnen und Bürgerstöchter, mit Argusaugen, was in den verwinkelten Gassen dem Suchen der Stecknadel im Heuhaufen gleichkam.

Als «unehrenhaft» wurden eigenartigerweise auch die Bader angesehen. Der fortgeschrittene Sinn für äußere Sauberkeit offenbarte sich deutlich im öffentlichen Badehaus, einem allenthalben beliebten Treffpunkt. Dort wurde mit reiner Haut und ebensolchem Gewissen gegessen, getrunken, gewürfelt und vor allem geliebt. Im Grunde war das Spaßbad, wie die touristische Werbesprache solche Lokalitäten heute bezeichnet, nichts anderes als Rendezvousplatz für Liebespaare oder Gelegenheitsort zur Anknüpfung von Bekanntschaften. Männer und Frauen badeten völlig nackt, höchstens mit einem Keuschheit vortäuschenden Lendenschurz entkleidet. Ein Badespruch jener sinnenfrohen Zeit lautete: «Für die unfruchtbaren Frauen ist das Bad das Beste. Was das Bad nicht tut, das tun die Gäste.» Der Bader als Vorsteher des am saarseitigen Ende der Neugasse gelegenen Etablissements, das ab 1429 urkundlich nachweisbar ist, verdankte die unehrenhafte Einschätzung seines Berufes wahrscheinlich dem ungestümen Sexualleben einiger allzu ehrenhafter Bürgersleut. Wie gut traf es sich da, daß er, wie alle anderen «Unehrlichen» auch, vor Gericht kein Zeugnis ablegen durfte.

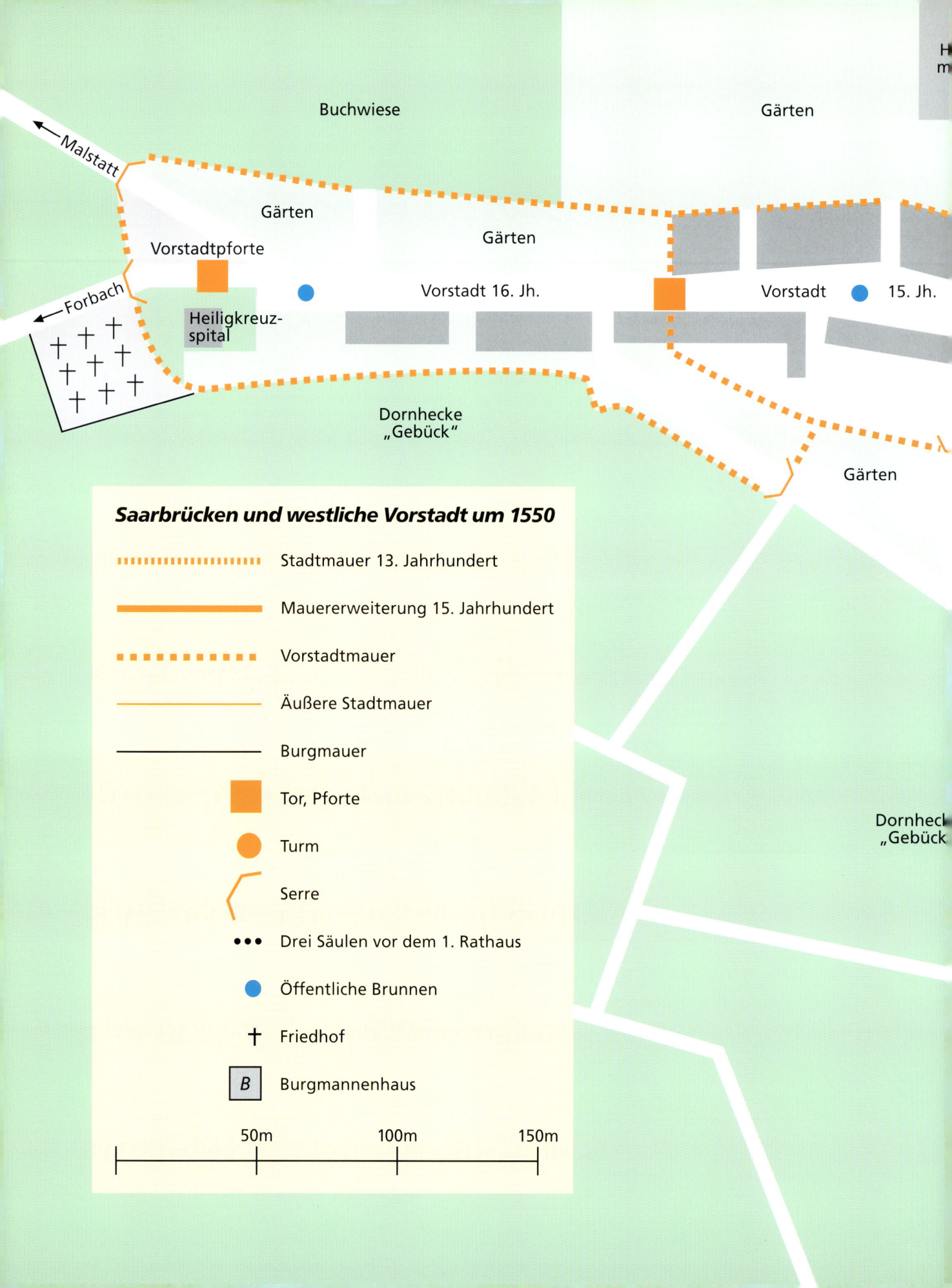

Buchwiese
Gärten
← Malstatt
Gärten
Gärten
Vorstadtpforte
← Forbach
Vorstadt 16. Jh.
Vorstadt 15. Jh.
Heiligkreuz-
spital
Dornhecke „Gebück"
Gärten
Dornhecke „Gebück"

Saarbrücken und westliche Vorstadt um 1550

- .... Stadtmauer 13. Jahrhundert
- ─── Mauererweiterung 15. Jahrhundert
- ▪ ▪ ▪ ▪ Vorstadtmauer
- ─── Äußere Stadtmauer
- ─── Burgmauer
- ■ Tor, Pforte
- ● Turm
- ⌐ Serre
- ••• Drei Säulen vor dem 1. Rathaus
- ● Öffentliche Brunnen
- † Friedhof
- B Burgmannenhaus

50m 100m 150m

Weg zur Saar

Gärten

Stadtgraben

Sackgasse

B

"Zum Stiefel"

B

Viehmarkt

Neugasse

Rathaus

Propstei

Probsteigasse

B

Kettengasse

B

Hohlgasse

Marktplatz

B

Küfergasse

Vordergasse

B

Kirchgasse

Kirche

Saargasse

Eiserne Pforte

Saar

Brücke

Brückenpforte

Saarpforte

Ehemalige Fähre

Fischmarkt

Burggraben

Hintergasse

Rathaus

Stadtgraben

Hinterpforte

Marktplatz (ab 1498)

Talgasse

Zugbrücke

Burggraben

Burg

B

Gärten

Stadtgraben

Rauschentor

Burgmauer

Forbach →

Burg →

Vorsiedlung

Also lautet der Beschluß:
Daß der Mensch was lernen muß
Busch

Fleißige Hände, Sparsamkeit und die Fähigkeit, einen Kreuzer von einem Pfennig zu unterscheiden, reichten in damaliger Zeit noch aus, um im Leben erfolgreich zu sein. Höhere Bildung war nicht erforderlich und auch nicht zu erwarten. Graf Johann I. hatte die Freiheitsrechte deshalb ausdrücklich auch jenen zugedacht, die «diesen Brief ... hören lesen», das heißt denen das Dokument von einem Schriftkundigen Wort für Wort vorgelesen werden mußte. Lesen, Schreiben und Rechnen waren Fertigkeiten, die nur wenige beherrschten. Selbst Kaiser hätten es mit einem Hauptschüler unserer Tage nicht aufnehmen können. Als rühmliche Ausnahme hebt die Geschichtsschreibung Otto I. hervor, der sich im fortgeschrittenen Alter noch dazu aufraffte, lesen zu lernen. Wie das Volk im 12. Jahrhundert über die mangelhafte Bildung seiner Herrscher dachte, geht aus dem geflügelten Wort «rex illiteratus asinus coronatus» hervor: ein schriftunkundiger König mußte es sich, falls er nicht gerade zugegen war, gefallen lassen, einem gekrönten Esel gleichgesetzt zu werden. In der rauhen Praxis erwartete man von den Regenten freilich ganz andere Tugenden, nämlich Kühnheit, Stärke und List. Wer es daran fehlen ließ, mußte die Folgen tragen wie jener auf einen friedlichen Ausgleich mit den Normannen bedachte König Karl von Westfranken, den die Historiographen in Mißachtung seiner besonnenen Denkweise «den Einfältigen» nannten, was im allgemeinen Sprachgebrauch der Dummheit nicht fernsteht. Nicht vorzustellen der Skandal, wenn man diese Eigenschaft dereinst dem sächsischen Kurfürst August nachgesagt hätte, aber seine weithin bekannte Bärenstärke und Lendenkraft waren populärer und ersparten Durchlaucht diese Schmach.

Als Spätling unter den Regententugenden trat die Weisheit hervor. Der Begriff hob in erster Linie auf die stoischen Ideale ab, schloß aber das Wissen der schriftlichen Bildung ein. Auch der entstehenden Oberschicht in den Städten war der Zustand der Sprachlosigkeit auf dem Papier zunehmend hinderlich geworden. Das Bürgertum strebte danach, sich schriftlich mitteilen und Geschriebenes lesen zu können. In einigen Klöstern gab es als «äußere Schule» eine Art Grundkurs fürs Weltliche. Die Scholastiker lehrten das Latein so, daß es der Verständigung beim Unterricht und zu Hause der Lektüre dienen konnte. In den Klosterbibliotheken lagerten vor der Erfindung des Buchdrucks ausschließlich Handschriften, die von Mönchen mühsam abgeschrieben werden mußten, um ein weiteres Exemplar zu besitzen. Ein Kauf derartiger Erzeugnisse war nur Wohlhabenden möglich. Der Preis für drei Abschriften mittleren Umfanges entsprach etwa dem eines Pferdes.

Die Wurzeln der Saarbrücker Gelehrsamkeit liegen in St. Arnual. Die «innere Schule» des Stiftes, ganz und gar eine Tochter der Kirche, diente ausschließlich dem Zweck der Vorbereitung auf den geistlichen Stand. Der Scholastikus Konrad (1223) wird demgemäß ganz von dem Gedanken eingenommen gewesen sein, daß «mit guten Schulen und guten Wegen kommt ins Land gezogen Gottes Segen.» So muß wohl auch Graf Johann I. gedacht haben, weil die auszubildenden Knaben seinem persönlichen Schutz unterstellt waren. Die älteste Nachricht über eine Schule in Saarbrücken ist in das 15. Jahrhundert zu setzen. Ein gewisser Johan Graen war und fühlte sich berufen, «die kinde latin und dutsche und schreiben zu leren.» An sonnigen Tagen drang aus den geöffneten Fenstern des «Hehennen Hus, da die Schule in ist», erbaulicher Chorgesang und hübsches Orgelspiel. Wenn ein Zögling aus kindlichem Übermut über die Stränge schlug, ließ allerdings auch die schallende Ohrfeige nicht auf sich warten, denn «Zucht ist der Schule Schmuck», was Lehrer Graen stets im Auge behielt. Die Kosten des Schulbetriebes trug die Bürgerschaft, die hierin von einer Bruderschaft unterstützt wurde. Im 16. Jahrhundert verfiel die Anstalt. Es wird schon stimmen, daß sich die Räte bei Graf Johann IV., der als Kriegsmann noch einmal auf die altritterlichen Tugenden zurückkam, mit ihren Plänen zur Fortsetzung des vollen Lehrbetriebes nicht durchsetzen konnten. Immerhin wurde die Schule 1574 notdürftig repariert und diente, soweit man weiß, danach der Unterrichtung von ABC-Schützen. Den Bürgern blieb nichts anderes übrig, als selbst nach einer allseits befriedigenden Lösung des Schulproblems zu suchen.

Schulunterricht (um 1500)

Just um dieselbe Zeit, in der das Stift St. Arnual und auch die dortige Schule sich auflöste, kamen die Städte Saarbrücken und St. Johann überein, in eigener Regie einen «tüchtigen Schulbau» ins Leben zu rufen. Das rühmliche Vorhaben nahm nur langsam Gestalt an. Erst 1576 war der Bau vollendet. Das Haus stand in Saarbrücken am unteren Ende der Hohlgasse unweit der Eisernen Pforte. Die Oberaufsicht oblag dem Saarbrücker Pfarrer, dessen Haus direkt an die Schule angebaut wurde. Obgleich die Lehranstalt eine städtische war, griff Graf Philipp III. unverzüglich und etwas allzu selbstherrlich in den Lehrbetrieb ein. Den in seine Kanzlei zitierten Stadtoberen wurde in Anwesenheit von Hofmeister und Räten kurz und bündig eröffnet, daß «in der Schulen keine Jung gestattet und zugelassen werden sollen, die Deutsch studieren sollen, sondern sich aufs Latein begeben sollen.» Selbst Michael Stumpf, Rektor an der Lateinschule, wird bei sich gedacht haben, daß man es mit dem Humanismus auch übertreiben kann.

Ein neuer Wind wehte, als der Ciceronianer verstorben war und sein Nachfolger die Regierung übernahm (1602). Graf Ludwig, ein erklärter Freund aller Wissenschaften, bat die Städte Saarbrücken und St. Johann um Vorschläge, wie die Schule am besten voranzubringen sei. Die Kommunen, finanziell gerade etwas klamm, überließen das Vorgehen in dieser Sache vorsichtshalber der Regierung. Der gräfliche Herr handelte ohne Zögern und vermittelte der Schule aus seinen klösterlichen Einkünften fürs erste eine jährliche Rente von einhundert Gulden. Danach überlegte er mit zwei studierten, aus Marburg und Straßburg herbeigerufenen Herren, wie «eine feine Partikularschule» einzurichten sei. Das Ergebnis war durchschlagend. Über einen Schulmeister für Deutsch wurde gar nicht erst debattiert. Auch der übrige Lehrplan konnte sich sehen lassen. Er umfaßte die Fächer Latein, Griechisch, Grammatik, Logik, Dialektik und Rhetorik. Die Schüler führten mit Eifer Schauspiele auf. Buchprämien mit passenden Widmungen wurden überreicht. Die Visitatoren waren über den Fleiß der Lehrer und mehr noch der Schüler des Lobes voll. Als der Musensitz nach kurzer Zeit fünf Klassen führte, beschloß man, ihn durch einen Festakt einzuweihen und in den Rang eines Gymnasiums zu erheben (1604). Schmückende Ansprachen am Tag des großen Ereignisses. «Gymnasium Ludovicianum» (Ludwigsgymnasium) sollte der hehre Tempel fortan heißen. Das Schlußwort war Superintendent Beilstein eingeräumt, der es als knochenharter Protestant nicht unterlassen konnte, den Anfängen des Schulwesens im Stift St. Arnual einige Steine nachzuwerfen: «Wann man einen Dechant ... einsetzte, da war Jedermann fröhlich und suchte großen Pomp und Herrlichkeit ... Was that man weiter? Die übrige Zeit brachte man zu mit Spielen und Jagen. Jetzo werden Personen angenommen nicht zum Müßiggang oder Spazierengehen, sondern zu steter Sorg und Arbeit, uns und unsern Kindern zu dienen.» So ist es bis heute geblieben.

Grabmal des Grafen Philipp III. in der Stiftskirche St. Arnual

Im Dreißigjährigen Krieg geriet das Gymnasium so gut wie ganz in Verfall. Als der Kriegslärm verstummt war, fehlte sowohl der Stadt wie dem Landesherrn das Geld zur Fortführung des Lehrbetriebes. Auch Schüler waren rar geworden. Erst für 1673 läßt sich wieder ein geordneter Unterricht nachweisen. Graf Gustav Adolph befand, daß die Knaben bis zum dreizehnten, die Mädchen, die bis dahin das Notwendige vom Christentum aufgefaßt hätten, nur bis zum zehnten Lebensjahr die Bank drücken sollte. Vier Jahre später überstand die Schule auch noch den verheerenden Stadtbrand. 1750 wurde sie abgebrochen.

Darauf verfügte Fürst Wilhelm Heinrich, dem Ludwigsgymnasium an der Ostseite des noch leeren Ludwigsplatzes eine neue Bleibe zu schaffen. Im Herbst 1752 war der Schulbau, ein Mittelpavillon mit zwei Seitenflügeln, fertiggestellt. 1760 erteilte Durchlaucht den Auftrag für eine freistehende Kirche (Ludwigskirche). Dem Zeitgeschmack entsprechend sollte zwischen ihr und der Pfarrkirche St. Johann eine ungehinderte Sichtverbindung bestehen, wozu die Wilhelm-Heinrich-Straße als Blickachse ausersehen war. Der kluge Mann, heißt es, baut vor. Serenissimus hatte diese Spruchweisheit vor Jahren allzu wörtlich genommen. Von einem klaren Durchblick, wir kennen das, konnte erst wieder gesprochen werden, als Spitzhacken den Mittelpavillon des Ludwigsgymnasiums beseitigt hatten. Als im 19. Jahrhundert die Schülerzahl stark anstieg, fand ein Teil des Unterrichts in der früheren reformierten Kirche (Friedenskirche) statt. 1892 zog die Lehranstalt geschlossen in die Hohenzollernstraße um.

Friedenskirche in der Wilhelm-Heinrich-Straße (um 1920)

Ist Gott für uns, wer mag wider uns sein?
Römerbrief 8,31

Hat sich der Mensch seit grauer Vorzeit zu einem guten Wesen entwickelt? Goethe gibt eine niederschmetternde Antwort: «Die Menschen sind nur dazu da, einander zu quälen und zu morden; so war es von jeher, so ist es, so wird es allzeit sein.» Wer will da widersprechen, wo man doch weiß, daß allenthalben den Sinnen gelebt und an Vorteil gedacht wird, daß Betrug und Gewalt tiefe Wunden schlagen. Und dennoch, es gibt einen Fortschritt. Der nachchristliche Mensch besitzt nicht mehr die Unbefangenheit seines antiken Vorläufers. Die Handlungsweisen haben sich zwar nicht geändert, aber seit Christus als Vorbild lebte, tut der Mensch vieles nicht mehr unbefangen, sondern mit schlechtem Gewissen. Egon Friedell brachte es auf den Punkt, als er schrieb, die gute Laune des Raubtiers sei uns verlorengegangen.

Dieser unzweifelhafte Erfolg des Christentums trat an der mittleren Saar den Siegeszug an, als zu Beginn des 7. Jahrhunderts Bischof Arnual im Dorf Merkingen der Klerisei eine Pflanzstätte für Gewissensbisse einrichtete. Die Ersterwähnung des Stifts um die Mitte des 12. Jahrhunderts verdanken wir Balderich, einem Propst von St. Arnual. Aus dieser Zeit ist ferner bekannt, daß die «fratres ecclesiae arnualdis» ein Kreuzfahrerheer bewirteten. Die Brüder waren noch felsenfest davon überzeugt, hiermit der friedfertigen Lehre Christi, des Unvergleichlichen, zu genügen. In der Umschrift des Siegels der Stiftskirche aus dem 13. Jahrhundert wird ein gewisser Odacrus genannt. Dieser Name führt zu einem Grafen Odoaker, der in einer Urkunde von 1135 erwähnt und als Gründer der Kirche des Augustiner-Chorherrenstifts angesehen wird. Unsere heutige Stiftskirche, deren gotischer Bau gegen Ende des 13. Jahrhunderts begonnen, abschnittsweise weitergeführt und gegen Ende des 14. Jahrhunderts vollendet worden sein dürfte, ist ein Folgebau der Kirche Odoakers. Sie war von Anbeginn Pfarrkirche für neun Nachbargemeinden, darunter Saarbrücken. Dieser Umstand war Ursache für eine lange Kette von Mißhelligkeiten. Drängte es in Saarbrücken einen reuigen Sünder zum Beichtstuhl, blieb ihm kein anderer Weg als der nach St. Arnual. Der Fußmarsch zur Stiftskirche war zumal im Winter recht beschwerlich, wenn nicht nur die Missetat die Seele, sondern auch noch der Frost die Zehen zwickte. Das gnadenlose Diktat der Kapläne lautete allzu mißbräuchlich: «Lasset die Kindlein zu mir kommen.» Deshalb geschah es nicht selten, daß in Saarbrücken Kinder ohne das Sakrament der Taufe und Alte ohne das Sakrament der letzten Ölung von hinnen gehen mußten. Der Totengräber karrte die in Saarbrücken Verstorbenen nach St. Arnual, wo sie der Erde übergeben wurden. Diese unglücklichen Zustände schienen sich etwas zu bessern, als Gräfin Laurette, Tochter des Kreuzfahrers Graf Simon III., bei Bischof Philipp von Metz die Errichtung einer Kapelle in Saarbrücken durchsetzte (1261). Sie war die erste Kirche am Ort, hatte ihren Platz an der Stelle der späteren Schloßkirche und war dem heiligen Nikolaus geweiht. Doch wie gewonnen, so zerronnen. Die vom Stift abhängige Nikolauskapelle besaß keinen Taufstein und war für die Gläubigen auch anderweitig kaum mehr als ein Brunnen ohne Wasser, denn die Hirten hielten sich mehr in St. Arnual auf als bei ihrer Herde in Saarbrücken. Eine weitere Unterlassung der Priester bestand darin, von Bürgern gestiftete Seelenmessen in der Kapelle glatt zu ignorieren. Ein gewisser Gottfried

Spätgotischer Taufstein in der Stiftskirche St. Arnual (um 1475)

*Stiftskirche St. Arnual
von Nordost (um 1900)*

Weber ließ sich das nicht gefallen und verklagte das Stift, worauf der als Schiedsmann angerufene Abt von Wadgassen die Saumseligen zu einer saftigen Geldstrafe, zu zahlen in Silber, sowie zur Nachholung der bestellten Messe verurteilte (1418).

Mit dem ständigen Zwist um den festen Wohnsitz eines Kirchenherrn in Saarbrücken war auch die Nikolauskapelle alt geworden. Nach gut zweihundert Jahren ihres Bestehens wurde sie wegen Baufälligkeit abgebrochen und durch die heutige Schloßkirche ersetzt (1476). Zäher als das abgetragene Bauwerk erwiesen sich die Kirchherren, die auch jetzt noch von St. Arnual aus Dienst taten, Taufen aber gewöhnlich in der Mutterkirche vollzogen. Das ehedem gute Einvernehmen zwischen dem Stift und den Grafen war längst nicht mehr das alte, weil die Kanoniker sich hartnäckig weigerten, Saarbrücken aus dem Pfarrverband zu entlassen. Erst Graf Philipp II. gelang es, der Stadt eine eigenständige Pfarrei zu bescheren. In einem Vertrag mit dem Stift legte man fest, daß Kanonikus Johann Walt nun ständig in Saarbrücken residierender Stiftspfarrer werden sollte. Von da an können wir die Schloßkirche als selbständige Pfarrkirche betrachten (1549). Auch bei Leichenbegängnissen gab es mittlerweile eine Erleichterung. Die Kondukte der Trauergemeinden brauchten nicht mehr den beschwerlichen Weg nach St. Arnual zu nehmen, seit der stadtnahe Friedhof bei der Kreuzkapelle am Spital zur Verfügung stand. Ein Hinweis auf Gebeinhäuser läßt vermuten, daß die Gräberanlage schon im 15. Jahrhundert belegt wurde.

Wie sehr hatte sich die Welt auch sonst verändert! Der soeben erwähnte Vertrag, «für und für zu ewigen Tagen» geschlossen, war bereits Makulatur, als die Unterschriften noch trockneten. Den ewigen Tagen war eine enge Grenze gezogen, denn die Reformation schritt unaufhaltsam voran. Öffentliche Äußerungen, stehende Redensarten und Sprichwörter spiegelten die landläufige Auffassung, die man dem Klerus entgegenbrachte: «Solange der Bauer Weiber hat, braucht der Pfaffe nicht zu heiraten.» Niemand glaubte mehr an die gepredigten Teufelchen, die am Eßtisch, in der Werkstatt oder auf dem Bettrand auflauerten. Die Teufel waren so manche Pfaffen selbst, die bei allen erdenklichen Anlässen zechten, ihrem Bauch lebten und jedem Weiberrock nachliefen. Auch in St. Arnual blieb die Heiligkeit auf der Strecke. Während die Kapläne mehr nolens als volens die Pfarrstellen versahen, widmeten

... und wenn die Welt voll Teufel wär

sich die oberen Kollegiaten in genüßlicher Beschaulichkeit kulinarischen Hochämtern. Schlimmer noch, eines Tages wurden die Stiftsherren, denen die Lust am Fleisch auch außerhalb der Kochtöpfe nicht fremd war, von einem ihrer Teufelchen dazu verführt, bei Graf Johann IV. um die Zulassung der Priesterehe nachzusuchen, was der noch mit papistischer Elle messende Landesvater entrüstet ablehnte. Aber auch der einfache Mann hatte sich daran gewöhnt, über vieles, was nicht in Ordnung schien, nachzudenken. In der Bibel, die er seit Luthers Übersetzung lesen konnte, stand kein Wort von Klöstern und Mönchen, Prälaten und Bischöfen, Beichten und Ablässen. Auch nichts von den unzähligen Dogmen, die die Kirche in mehr als tausendjähriger Kleinarbeit aufgebaut hatte. Und - warum war man nur nicht eher darauf gekommen? - was sollte man von dem Nachfolger Petri halten, der in Gold und Purpur Hof hielt, über Millionen gebot, Millionen schuldig sprach, dem Kaiser seine Rechte streitig machte und die Befugnis zu alledem davon ableitete, daß er der Stellvertreter Christi sei, jenes Ärmsten der Armen, der mitten unter den Menschen gelebt hatte, über nichts und niemanden gebieten wollte, niemanden schuldig sprach und dem Kaiser das Seine beließ? Nicht, daß man gegen den Brauch aufmuckte, nur gegen den Mißbrauch. Nicht, daß man antikatholisch dachte, nur antiklerikal.

Das in den Köpfen schwirrende Vorgefühl einer nahenden Umwälzung erzeugte in weiten Kreisen eine freudige Erwartungshaltung. In zahlreichen Schriften wurde das Bild der «Morgenröte» beschworen wie in dem berühmten Gedicht «Die wittenbergisch Nachtigall» von Hans Sachs: «Die rotbrünstige Morgenröt her durch die trüben Wolken geht, daraus die lichte Sonn' tut blicken, der Mond tut sich hernieder drücken.» Das Trapsen der Nachtigall war überall zu hören. Einer ihrer Bewunderer und Mitstreiter, Ulrich von Hutten, erlangte gar Weltberühmtheit durch seinen Ausruf: «Die Geister erwachen, es ist eine Lust zu leben!» Das klingt sehr enthusiastisch. Aber bei Kirchenlicht betrachtet, was konnte ein Luther, was konnten die Lutheraner von dem Phänomen des Heilands besser verstehen als andere kluge Leute vor ihnen? Einerseits verneinte der Wittenberger den Papst, aber ohne Autorität konnte auch er nicht sein und ersetzte die Überordnung aus Fleisch und Blut durch die Bibel, durch die «Schrift». Indem er den Christusglauben von jahrhundertealten Mißverständnissen befreite, machte er ihn überschaubarer, verständlicher und rationaler. Damit handelte der Reformator auch als Kind seiner Zeit, die sich gerade anschickte, in gerader Linie auf das Jahrhundert der Aufklärung zuzueilen.

Vielleicht, weil das Morgenrot stets im Osten glüht, mußte es in unserer Gegend Zweibrücken sein, wo der protestantische Glaube zuerst angenommen wurde (1522). Nachdem sich das Stift St. Arnual aufgelöst hatte, ließ die Einführung der Reformation auch in der Grafschaft Saarbrücken nicht mehr lange auf sich warten. Es war der in Weilburg an der Lahn in einem evangelischen Elternhaus aufgewachsene Graf Philipp III., der das katholische Regiment an der Saar beendete (1575). Die Berechtigung hierzu gab ihm der zwanzig Jahre zuvor auf dem Reichstag zu Augsburg geschlossene Religionsfriede, der das konfessionelle Bild

Deutschlands für die nächsten Jahrhunderte maßgeblich mitprägte. Katholiken und Lutheraner sollten, so die gut gemeinte Absicht, künftig gleichberechtigt nebeneinander stehen. Die Glaubensfreiheit wurde jedoch nicht jedem einzelnen zugestanden. Vielmehr hatte die jeweilige Obrigkeit zu bestimmen, welcher Religion ihr Gebiet angehört. Dieser durch die Regel «cuius regio, eius religio» bekannt gewordene Grundsatz war für den ebenfalls aus Weilburg stammenden Prediger Gebhard Beilstein die Legitimation, die Saarbrücker Pfarrgemeinde mit der neuen Lehre vertraut zu machen. Man darf bezweifeln, daß die aus der Studierstube der «wittenbergisch Nachtigall» ausgeflogenen und nun auch in der Schloßkirche von Saarbrücken gepredigten Glaubenssätze jedermann auf Anhieb begreiflich waren. Das betraf beispielsweise die Ansichten über das Wesen der Kommunion. Gestern hieß es noch, Brot und Wein verwandelten sich, ausgenommen ihre äußeren Eigenschaften wie Form, Farbe und Geschmack, durch göttliche Kraft in den Leib und das Blut des Herrn. Jetzt sollte man diese Wesensverwandlung von Brot und Wein für ein Truggebilde menschlicher Einbildung halten und schlicht glauben, daß Christi Leib und Blut darin enthalten sind. Verständlicher war den Zuhörern da schon, daß der Christengott kein «gerechter» Gott sei, der freispricht,

Man mag uns predigen, was man will, mögen wir lernen, was wir wollen, so muß man sich immer erinnern, daß es ein Mensch ist, der gibt, und ein Mensch, der nimmt.

(Montaigne, Essais, 2, 12)

Nordseite der Schloßkirche (um 1910)

sondern ein barmherziger Gott, der jenseits aller Gerechtigkeit gnädig verzeiht. Auch der Geistliche lernte dazu. Mehr und mehr leuchtete ihm ein, daß den Leuten in der Kirchenbank kurze Predigten und lange Bratwürste wie zuvor am liebsten waren und daß deshalb auch einmal «amen» gesagt werden mußte.

Selbst Beilstein lebte nicht vom Wort allein und, nebenbei bemerkt, kaum schlechter als seine Vorgänger. Außer einem Jahresgehalt von vierzig Gulden bekam er je zwanzig Malter (ein Malter=regional unterschiedlich 100-150 Liter) Weizen, Korn und Hafer, fünfzig Karpfen, vierundzwanzig Kapaunen und zwanzig Hühner an Naturalien zugesteckt. Wirklich Federn lassen mußten seine Schutzbefohlenen, denn Reformation bedeutete auch das plötzliche Ende der Heiligenverehrung und damit die Streichung so manchen liebgewordenen Feiertages. In unserer Zeit erfuhr diese drastische Wende eine seltsame Fortsetzung. Ausgerechnet vom Volk gekürte Säulenheilige vollbrachten das Werk, vom verbliebenen Stamm religiöser Feiertage eine weitere Scheibe abzusägen.

Die Leiden sind gesellig wie die Raben, sie kommen in schwarzen Scharen

Lenau

Die Welt der Menschen des Mittelalters war verdüstert durch die epidemisch auftretenden Seuchen Lepra (Aussatz) und Pest. Die Lepra, bereits in der Spätantike bekannt und um 550 schon weit nach Mitteleuropa vorgedrungen, forderte zu drastischen Gegenmaßnahmen heraus. Um die Ausbreitung der Krankheit möglichst klein zu halten, war alles Bemühen auf eine Isolierung der Befallenen gerichtet. Der «Sachsenspiegel» und andere Gesetzbücher befaßten sich ausführlich mit dem stark eingeschränkten Rechtsstatus der Aussätzigen, die durch Ausstoßung aus der Wohngemeinschaft zunächst den bürgerlichen Tod starben, bevor der wahre Sensenmann die «Toten auf Abruf» von ihrem qualvollen Leid erlöste. Die Unterbringung der Unglücklichen erfolgte an entlegenen Stellen vor der Stadt im Siechenhaus, das auch Koden (lat. casa=Hütte) genannt wurde.

Das Siechenhaus von Saarbrücken wird erstmals 1348 erwähnt. Es stand nahe der Deutschherrenmühle, wahrscheinlich im Tiefental. Anno 1597 fiel auf Stoffel Schreiner der schreckliche Verdacht, von der Lepra befallen zu sein. Auf eine Anzeige von Nachbarn hin wurde er zwei Ärzten zugeführt, welche die vorgeschriebene Lepraschau vornahmen. Fragen zur Person und Vorgeschichte, dann eingehende Untersuchung auf verdächtige Zeichen. Die «Vormäler», kleine Flecken und Ausschlag im Gesicht, Knoten an den Gelenken, waren bereits überschritten. Der Physikus entdeckte erste Gefühllosigkeit an Schienbein und Zehen, der Chirurgus beginnenden Muskelschwund zwischen Daumen und Zeigefinger. Beide nickten sich unauffällig zu. Sie kannten den weiteren Verlauf: Lymphstau, Schwellungen, Bänderriß, Abfall der Extremitäten, blaurote Gesichtsfarbe, wilder Blick, stinkender Atem und, oft nach langem Leiden von acht bis zehn Jahren, schließlich der Tod. Stoffel war unter Verlust von Hab und Gut, auch der bürgerlichen Rechte, sofort ein Fall für den Koden. Beim Verlassen der Stadt läuteten die Kirchenglocken, und der Pfarrer sprach dazu die Totengebete. Seine Tracht war von nun an das Lazaruskleid der Demütigen. Er durfte nur gegen die Windrichtung sprechen, mußte Handschuhe tragen und mit

Leprakranker mit Stab, Rassel und Tasche

einer Klapper rechtzeitig auf sich aufmerksam machen, wenn er, was ihm noch vergönnt war, zur Kirche ging, um durch einen Mauerschlitz am Gottesdienst teilzunehmen. Auswärtige Kranke wurden nur kostenpflichtig und mit Zustimmung des Stadtgerichtes in das Siechenhaus aufgenommen. Dem Ehepaar Hans und Appolonia Eckstein aus Göllheim kostete dieses traurige Los dreißig Gulden (1623). Nach jener Einweisung wird der Koden als Aufenthaltsort Leprakranker in der Chronik nicht mehr erwähnt. Die Leprösen im Tiefental konnten des tätigen Mitleids der Bürger schon allein deshalb gewiß sein, weil diese vor Gott ein hohes Verdienst darin sahen, den «guten Leuten» im «Gutleuthaus» zu helfen. Die erste Mildtätigkeit, von der wir wissen, ist einem Bürger anzurechnen, der dem Koden jährlich drei Goldgulden zukommen ließ (1484).

Die zweite grausame Geißel des Mittelalters war die Pest. Wenn vom «Schwarzen Tod» die Rede ist, denkt man sogleich an die große Epidemie in den Jahren 1348/50, der in Europa schätzungsweise 25 Millionen

Menschen, etwa ein Viertel der Gesamtbevölkerung, zum Opfer fielen. Niemand ahnte, daß die Pest, aus Indien kommend, über die Krim von Flöhen pestkranker Ratten ins Abendland eingeschleppt worden war. Alte Kirchenbücher sind voll von Schreckensmeldungen: «Die Seuche suchte den Hof heim und wich nicht eher von der Schwelle, bis alle dahingerafft waren.» Aus Höfen wurden Dörfer, bald Städte und schließlich ganze Landstriche. Sowohl die Lungen- als auch die Beulenpest schlugen mit solcher Wucht zu, daß kein langes Siechtum zu befürchten war. Blutiger Auswurf oder Geschwüre und Beulen in der Achsel- und Leistengegend führten bei ständigem Fieber binnen fünf Tagen das Ende herbei. Kaum ein Arzt wagte aus Furcht vor Ansteckung Krankenbesuche. Selbst der Priester reichte nur mit Entsetzen das Sakrament.

Diese Erfahrungen machte man auch in Saarbrücken, wo 1553 die Beulenpest grassierte. Im Dreißigjährigen Krieg kehrten Pestilenz und andere Seuchen mit all ihren Schrecken zurück. Graf Ludwig versuchte in gebotener Eile, das Schlimmste zu verhüten. Er schenkte der Stadt Anfang Oktober 1623 die Kirche des seit zehn Jahren verlassenen Dorfes Aschbach bei Gersweiler mit der Bestimmung, sie unverzüglich zu einem Pestlazarett herzurichten. Schon Ende des Monats waren sechs «Gemächer» der Isolierstation bezugsfertig. Der Wundarzt Jost Hoffmann, zum Pestmeister verpflichtet, nahm mit Aderlaß und Verabreichung zerstoßener Feigen und Walnüsse den aussichtslosen Kampf gegen das in den Todgeweihten hämmernde Gift auf. In der Stadt befolgte man währenddessen die täglich verkündeten vorbeugenden Maßnahmen: Maßhalten in Speise und Trank wie in der Liebe, Meidung von Menschenansammlungen. Jeder Ortskundige ahnt, wie schwer unsere Vorfahren ausgerechnet diese Verzichte getroffen haben müssen. Pfarrer Schlosser entwickelte seine eigene Methode, dem «Schwarzen Tod» zu begegnen. Ab dem Pestjahr 1632 registrierte er nur noch die Geborenen. Von den Gestorbenen, die dem Totengräber Hans Tentlinger übergeben wurden, nahm er einfach keine Notiz mehr. Vielleicht glaubte er in einem Anflug von Aberglauben, die Heimsuchung seiner Anbefohlenen durch diesen Schlich beenden zu können. Das große Sterben war allenthalben von einem Verfall gesellschaftlicher und sittlicher Bindungen begleitet. Unschuldige wurden der Vergiftung von Brunnen und anderer Verbrechen bezichtigt. Hexenwahn und Inquisition wüteten mit Gevatter Tod um die Wette. In Saarbrücken zeigten diese Torheiten ihre Fratze, als auf einem Gerichtsplatz am Schanzenberg die «alte Hexe Maria» und die «welsche Jodoca» im lodernden Feuer ein jammervolles Ende fanden. Das Holz für den Scheiterhaufen wurde aus Gersweiler herbeigeschafft (1631).

Triumph des Todes über eine Pestkranke

Ich aber und mein Haus wollen dem Herrn dienen
Josua 24,15

«Besser ein gesunder Bauer als ein kranker Kaiser», freuten sich die Menschen, wenn sie vom Abfaulen der Gliedmaßen oder von schwärenden Ausschlägen verschont blieben. Aber vor gelegentlicher Unpäßlichkeit oder gar anhaltender Hinfälligkeit im Alter war letztlich niemand geschützt. Gab es Hilfe? Christus galt den alten Kirchenvätern wie den Scholastikern als Vorbild dienender Pflege und nachgehender Fürsorge. In diesem Sinne lagen Heilkunst und Nothilfe auf der gleichen Ebene wie der Dienst Gottes am Menschen. Das Wesen der mittelalterlichen Medizin bleibt unverständlich, wenn man den Begriff der Armut in den der Krankheit nicht einschließt. Die Armen und Kranken, so die Auffassung christlicher Caritas, standen zu Gott in näherer Beziehung als alle anderen. Sie erschienen als bevorzugte Glieder des Leibes Christi. In den Regeln des Johanniterordens wurden die Kranken deshalb als «unsere Herren, die Armen», als die «Herren Kranken» bezeichnet. Der Gipfel irdischer Vollkommenheit war erklommen, wenn man Kranke besuchte oder ein Armenhaus stiftete. Oft waren es adlige Damen, die hierin höchste Erfüllung fanden. Erinnert sei nur an

Szene aus dem Leben der hl. Elisabeth nach einem Bildteppich aus Basel (um 1475)

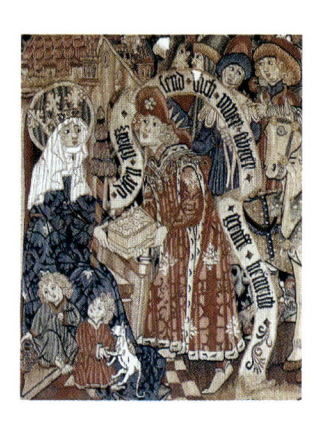

Elisabeth von Thüringen, die um 1228 in Marburg eine Pflegeanstalt einrichtete. Die dienende Gastfreundschaft (lat. hospitalitas) klingt noch heute in unseren Hospizien und Hospitälern nach.

Glücklicherweise stellten die epidemischen Volksseuchen Ausnahmen dar. Trotzdem mußte es außer Leprastationen und Pesthäusern zu jeder Zeit auch das übliche Krankenhauswesen geben. Es war aus der Klostermedizin hervorgegangen und entfaltete sich über die

Deutschordenshaus und Deutschordenskapelle in Saarbrücken (um 1780)

Versorgung im Spital bis zur Betreuung in bürgerlichen Krankenanstalten. Auch in Saarbrücken liegen die Anfänge der normalen Krankenpflege im kirchlichen Zirkel. Dieses Verdienst ist dem Stift St. Arnual anzurechnen, auch wenn für das Jahr seiner Auflösung (1569) die Anstalt nicht mehr nachweisbar ist. Während der Kreuzzüge entstanden die Spitalorden der Antoniter, Johanniter und Deutschritter. Der Kreuzfahrer und Saarbrücker Graf Simon III. schenkte dem Deutschritterorden westlich der Stadt (Pfählerstraße) ein Stück Land zur Gründung einer Niederlassung (1227). Das Schiff der kurz darauf errichteten, der heiligen Elisabeth geweihten Ordenskapelle diente als Hospitalraum.

Als der Spitalbetrieb des Deutschordens im 15. Jahrhundert eingestellt wurde, gab eine der Kommende nahestehende Bruderschaft den Ausschlag für den Fortbestand des Saarbrücker Spitalwesens. Welcher Personenkreis sich hinter dieser Sozietät verbarg, konnte bisher nicht eindeutig festgestellt werden. Einiges spricht dafür, daß es die nach dem heiligen Ritter St. Georg benannte Hofgesinde-Bruderschaft gewesen ist, ursprünglich eine Vereinigung kapitalkräftiger Lehns- und Dienstmannen des Grafenhauses, die in späterer Zeit auch Hofbeamte und angesehene Bürger aufnahm. Eine ihrer Persönlichkeiten war der Lehnsritter Konrad von Geispitzheim, der in seinem 1440 aufgesetzten Testament für das eigene Seelenheil zwei Gulden spendete, um «in den spidal vor Sarbrucken ... arme lude davon zu trosten.» Sechs Jahre später fertigte Graf Johann III. als Vorsitzender der Bruderschaft eine Urkunde aus, in der er 130 Gulden zur Stiftung von Messen «in des Heiligen Crucis cappellen in dem spiedale vor Sarbrucken» aussetzte. Das Heiligkreuzspital, wie man es nannte, lag am westlichen Rande der Markttor-Vorstadt dicht bei den Serren am Knotenpunkt der Wege nach Forbach, Malstatt und zum Deutschordenshaus. Es gibt gute Gründe, anzunehmen, daß das Spital schon 1219 von Graf Simon III. gegründet und seitdem auch von der erwähnten Bruderschaft getragen wurde. Religiöser Mittelpunkt der Fratres war eine neben dem Spital gelegene Kapelle.

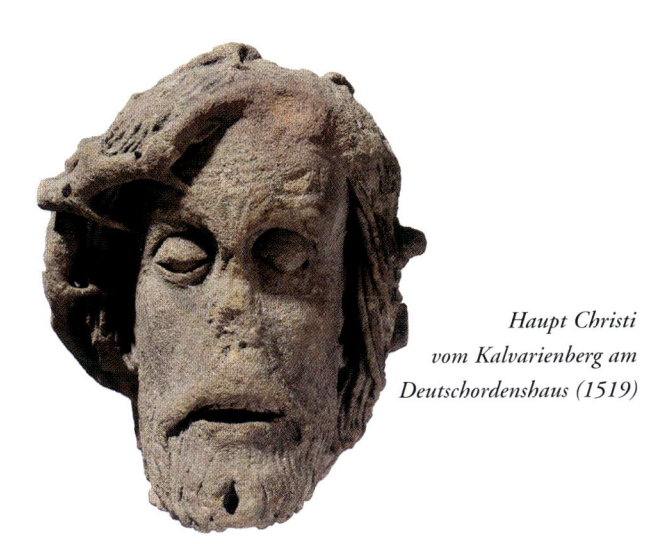

Haupt Christi vom Kalvarienberg am Deutschordenshaus (1519)

Sie hieß Kreuzkapelle, weil der Metzer Bischof in ihr einen Kreuzaltar segnete (1315). Auf dem Friedhof, der die Kapelle umgab, stand eine Kreuzigungsgruppe. Sie bildete den Ausgangspunkt eines mit steinernen Bildstöcken versehenen Kreuzweges, der auf dem Totenacker des Deutschordenshauses an einer Kalvarienberg- und Heiliggrab-Darstellung endigte (1519).

Johann Andreae, ein äußerst fleißiger Saarbrücker Geschichtsforscher des 17. Jahrhunderts, berichtet von einem zweiten, ein knappes Vierteljahrhundert älteren Kreuzweg, den Graf Johann Ludwig nach glücklicher Heimkehr von seiner Pilgerreise in das Heilige Land anlegen ließ. Die Stationssteine waren zwischen der Marktpforte und dem Friedhof am Heiligkreuzspital aufgerichtet. Ihre Reihung folgte nicht dem geraden Weg, sondern sie beschrieb einen weiten Bogen, der von der Marktpforte über das Neugelände (Ludwigsplatz) zum Endpunkt führte (1496).

In dieser geistlich wohlversorgten Umgebung diente das Heiligkreuzspital einer Vielzahl karitativer Zwecke. Da Armut und Krankheit als gottgefällig galten, gewährte man gesunden wie kranken Bettlern, die tagsüber die Gassen und Plätze bevölkerten und auf der Treppe vor der Kirchentür lagerten, nach Verabreichung einer abendlichen Mahlzeit Zuflucht für die Nacht. Auch mittellose Reisende und Pilger erhielten Herberge. Ebenso waren Waisen- und Findelkinder in die soziale Fürsorge eingeschlossen. Daneben diente das Hospital kranken Leuten als Pflegeanstalt, sofern sie nicht von Lepra, Pest, Cholera oder Typhus befallen waren. Trotz reichlichen Zuflusses an Renten, Stiftungen, Schenkungen und Vermächtnissen hatte der «spidelmeister» oft seine liebe Not, die vom Stadtgericht geprüfte Jahresrechnung im Gleichgewicht

Ehemaliges Hospital-, Waisen-, Armen- und Zuchthaus am Ludwigsplatz

Stationsstein vom Kreuzweg und Kreuzschaft vom Kalvarienberg am Deutschordenshaus (1519)

zu halten. Deshalb setzte sich in Saarbrücken wie andernorts auch schon sehr früh das sogenannte «Pfründner»system als Vorläufer unserer Pflegeversicherung durch. In der Zeit voller Schaffenskraft konnte man für sich und den Ehepartner Spitalplätze (Pfründe) kaufen und dadurch für das Alter vorsorgen. Auch Zünfte erwarben Pfründe, um ihre Mitglieder im Falle von Bedürftigkeit untergebracht zu sehen. So war aus dem Heiligkreuzspital mehr und mehr ein Pfründespital für Angehörige der St. Georgs- Bruderschaft und andere Wohlhabende geworden. Diese Einengung der sozialen Bestimmung mochte das Gewissen des angesehenen Bürgers Henselin von Eschberg so stark bedrückt haben, daß er ein in der Neugasse gekauftes Haus samt Einrichtung «zu eyme spidal und allen pilgerynen und armen luden, die des noitdurftig sint, zu einer hirbirgen» bestimmte (1424). Vielleicht wollte Henselin damit in Saarbrücken den Anstoß zur Gründung einer jener Elendenbruderschaften geben, die sich in ihren Fremden- und Pilgerhospizien ausgesprochen der «im Elend» befindlichen Reisenden und Pilger annahmen und sogar für die Exequien dort Verstorbener zuständig fühlten. Dem Elend der in Saarbrücken zwischengelandeten Zugvögel scheint nicht nachhaltig abgeholfen worden zu sein, denn einer wenig späteren Erwähnung des Hauses zufolge hat es schon nicht mehr karitativen Zwecken gedient (1466). Mehr Glück war dem Heiligkreuzspital beschieden. Stadtschreiber Burg berichtet, Graf Ludwig habe das Hospital, «das alt, schlecht und baufällig gewesen, ... neu hergestellt und mit stattlichen und namhaften Besserungen an jährlichen Früchten und anderm Notwendigen begnadigt» (1605). Die aus landesherrlicher Schatulle unterfütterten und in einer Verordnung festgeschriebenen Gnadenerweise bezogen sich auf fünfzehn neue Pfründen für «aus dem hiesigen Lande gebürtige alte, arme, bresthafte Personen, die ihr Brot nicht mehr verdienen können.» Außerdem verfügte das Spital jetzt über zwei starke Pferde mit dem nötigen Geschirr, über vier gute Milchkühe sowie über regelmäßige Holz- und Heulieferungen aus benachbarten Dörfern.

Während des Dreißigjährigen Krieges setzte wegen Abwanderung und Verelendung der Verbliebenen ein Niedergang des Saarbrücker Spitalwesens ein, der auch nach dem Friedensschluß (1648) nicht aufzuhalten war. Den Stadtbrand von 1677 hat das Spital anscheinend heil überstanden. Im Jahre 1730 ging es von der Stadt auf die neugeschaffene evangelische Kirchenaufsicht und damit in Landesverwaltung über. Bald darauf dekretierte Fürst Wilhelm Heinrich die «Aufrichtung eines neuen Hospital-, Wayßen-, Armen- und Zuchthaußes» im Westen der barocken Platzanlage um die Ludwigskirche (1763).

Hier ruht mein lieber Arzt, Herr Trumm, und die er heilte, ringsherum
Grabinschrift

Das Spitalwesen des Mittelalters kannte keine Medizinalversorgung wie unsere modernen Krankenhäuser. Als Krankheitsursache kamen, was die Diagnose sehr erleichterte, ohnehin nur drei Dinge in Frage: Vergiftung als böswilliger Anschlag, Veränderung der Körpersäfte Blut, Schleim, Galle und die Strafe Gottes für sündigen Lebenswandel. Diese Gründe sind uns vom Lesen gewisser Zeitungen her auch heute noch geläufig. Jedenfalls war es damals weitaus schwieriger, eine Krankheit erfolgreich zu kurieren, als ihren vermeintlichen Ursprung festzustellen. Die drei klassischen Säulen der Heilkunst bildeten die Diätetik als Sorge für die Gesunden, die Pharmazeutik als Ordnung der Heilmittel und die Chirurgie als Eingriff mit einem Instrument. Die Wiege der mittelalterlichen Medizin stand in den Klöstern. Ärzte waren oft Mönche oder standen ihnen sehr nahe. Man denke nur an die berühmt gewordene Operation, bei der im Kloster Monte Cassino angeblich der heilige Benedikt höchstpersönlich an Kaiser Heinrich II. einen Blasensteinschnitt vornahm. Der erfolgreiche Eingriff umgab den Herrscher sogleich mit der Aura des Auserwählten, das Volk begriff ihn zeitgemäß als ein unerhörtes Wunder.

Unter dem Eindruck blasser Erinnerung an die hochstehende Medizin der Antike entwickelte sich langsam ein umfangreiches Repertoire an Behandlungsmethoden. Zur Blutstillung drückte man präparierte Watte in die Wunde oder band die Gefäße ab. Nadel und Faden blieben Notfällen vorbehalten. Zur Bekämpfung von Schmerzen diente wie von alters her Kälte, aber auch Wundtränke und Inhalationen betäubender Dämpfe waren in Gebrauch. Nach der Devise «Kurzer Schmerz statt langes Leiden» wurde beim Setzen von Brennkegeln (Glüheisen) vorgegangen, um unter der Haut befindliche Säfte und Schleime zu beseitigen. Die Prozedur dieser «scientia subtilis» trauten sich nur geübte Ärzte zu, weil Nutzen und Schaden oft nur fingerbreit nebeneinander lagen. Dagegen kommt uns die Bedeckung von Brandwunden mit Mehl und Leinölumschlägen fast wie ein Schatz aus Großmutters Nähkästchen vor. Wirklich großes Können war bei chirurgischen Eingriffen vonnöten. Die Schienung eines Knochenbruches mit Leisten aus Tannenholz und die Anbringung der «Schwebe» zur Lagerung der gerichteten Gliedmaßen gehörten noch zu den leichten Übungen. Die Einrenkung einer Wirbelsäule, wobei der Kranke mit Seilen auf ein Gestell gespannt und stückweise nach oben gezogen wurde, setzte dem Operateur schon eher kalten Schweiß auf die Stirn. Zur hohen Schule zählte die Öffnung des Schädeldaches, um komplizierte Frakturen zu heilen, Blutungen unter der Hirnhaut zu stoppen oder eitrige Absonderungen zu entfernen. Das weitverbreitete Bruchleiden behandelte man nach Möglichkeit mit Bruchbändern. Nur in dringenden Fällen erfolgte der Griff zum Messer. Die durch Nieren-, Blasen- und Harnleitersteine verursachten gräßlichen Schmerzen versuchte man mit Heilkräutern zu vertreiben. Bei Fehlschlägen schritt mit stets risikoreicher Operation der Steinschneider ein. Eine besondere Berufsgruppe bildeten die Starstecher, die bei Augentrübung die Hornhaut durchstachen und die Flüssigkeit auslöffelten. Nicht unerwähnt bleiben darf der berühmte Aderlaß. Dieses im gesamten Mittelalter und auch danach geschätzte Heilverfahren fußt auf der Säftelehre, wonach überflüssiges Blut abgezogen und verdorbene Säfte gereinigt werden mußten.

«Gott läßt genesen, der Arzt holt die Spesen», wird man an der Saar schon im Mittelalter gesagt haben. Wer waren diese Ärzte? Studierte Mediziner gab es in Deutschland erst spät, und selbst dann nur wenige. Wer alles hatte sich vor ihnen nicht mit heilender Tätigkeit abgegeben: die Muhme, der Schäfer, der Hufschmied, die Hebamme, der Scharfrichter, nicht zu vergessen das schillernde Völkchen umherziehender Vagabunden. Unter den Letztgenannten fand man mit etwas Glück Chirurgen, die mit großem Können operative Eingriffe vornahmen und dadurch begehrt, ja berühmt wurden. Doktor Eisenbart ging gar ins Reich der Legende ein. Als der kurfürstliche Wundarzt Dr. Bartisch in Dresden über den Steinschnitt schrieb, daß dabei «Schinder, Seuhschneider, Schellmen und Diebe ... gar viell menschnn umb ihr lebenn bringen», dann lag das ganz im

Aderlaß-Szene

Sinne jener verdienstvollen Handwerkschirurgen. Denn wie oft schon war es auch auf dem Marktplatz von Saarbrücken geschehen, daß ein hergelaufener Kurpfuscher mit schellender Glocke ein vom Stein geplagtes Wesen anlocken konnte, weil der ansässige Barbierchirurg das Risiko scheute und deshalb nicht helfen wollte. Der von monatelangem Schmerz zermürbte Patient schöpfte wieder Hoffnung, auch wenn sie das Seil ist, an dem wir uns gelegentlich zu Tode ziehen. Von Schaulustigen umringt, ließ sich der Kranke willig in das Hinterzimmer einer Schenke führen und auf einen Stuhl schnallen. Nachdem das Honorar kassiert war, bekam er so lange Branntwein eingetrichtert, bis er nur noch lallen konnte. Nun stieß ihm der Operateur das Messer zwischen die Beine und tastete im Schweiße seines Angesichts mit der Zange, dann mit den Fingern nach dem Stein der Weisen. War dieser wegen fehlerhafter Diagnose nicht zu finden, wurde aus dem Ärmel blitzschnell ein Kiesel gezaubert und dem applaudierenden Publikum präsentiert. Anschließend machte sich der Scharlatan flugs aus dem Staube. Das Ende des geprellten Unglücksraben kann man sich denken.

Zu Anfang waren in den meisten Städten als ständige Vertreter der «Ärzteschaft» nur Bader und Barbiere verfügbar. Die Chirurgie der Ersterwähnten beschränkte sich meist auf das (wundheilende) Schröpfen, auf das Zähneziehen und allenfalls noch auf das Aderlassen. Zusätzliche Künste beherrschten schon eher die Barbiere, deren Beruf im 12./13. Jahrhundert entstand, als Scheren, Rasieren und Haarpflege in Mode kamen. Dabei ergab sich ab und an die Notwendigkeit, hier und da einen kleinen Schnitt zu versorgen, eine Warze zu entfernen. Die Scherer lernten weitere Fertigkeiten hinzu, bis sie Abszesse spalten und sogar Knochenbrüche und Gelenkverrenkungen behandeln konnten. Steinschnitte, Bruchoperationen und ähnliche waghalsige Kunststücke überließen sie wohlweislich den umherziehenden Handwerkschirurgen.

Nicht anders wird sich der geachtete «maistre Jehan lou barbier» verhalten haben, den man 1341 in Saarbrücken antreffen konnte. Ein anerkannter Fachmann war auch Meister Hans, «scherer zu Berriß» (Berus), den Graf Johann III. zu seinem Arzt bestellte (1449). Von einer städtischen Hebamme ist erstmals 1493 die Rede. Das Haus, in dem die hilfreiche Frau wohnte, stand in der Neugasse. Sollte sie ihre Kunst zeitgemäß beherrscht haben, war es ihr auch möglich, Zangengeburten, ja selbst Kaiserschnitte durchzuführen. Kleinere operative Eingriffe wie die Eröffnung von Abszessen gehörten zum Alltäglichen der heilkundigen Person. Wie hoch Gesundheit geschätzt wurde, zeigte sich 1495 an Graf Johann Ludwig. Vor Antritt der erwähnten Pilgerreise nach Palästina ließ er Dr. Peter aus Worms rufen, um sein Gebiß versorgen zu lassen. Offenbar ist man mit dem Mann bei Hofe höchst zufrieden gewesen, denn im gleichen Jahr, auffallenderweise bei schon reisebedingter Abwesenheit des Grafen, ritt er abermals nach Saarbrücken, damit Gräfin Elisabeth wieder kräftig zubeißen konnte. Die Geschichtsforschung wird bei der noch ausstehenden Wertung des zweiten Arztbesuches zu beachten haben, daß der in fortgeschrittenem Alter von allerlei Gebresten geplagte Graf und Ehegatte keinen Medikus wieder konsultierte, sondern durch eigenhändig gebraute Elixiere sich selbst zu kurieren suchte. Nicht ganz unschuldig an dieser Art von Krankheitsbehandlung wird freilich auch Theophrastus Paracelsus

Am Saarbrücker Schloß gefundener Mörser (vermutlich 15. Jahrhundert)

gewesen sein, der mit ärztlichen Künsten und dem Abrakadabra der Goldmacherei in halb Europa viele Fürsten und sogar Gelehrte für sich zu gewinnen wußte.

Nicht selten erregten Juden als tüchtige Heiler die Aufmerksamkeit wie Meister Marx, der für das leibliche Wohlsein von Graf Philipp II. zuständig war (1548). Die Kunst bedarf des Glücks und das Glück der Kunst, sagt man. Aber hier fand beides nicht zueinander. Der Arzt konnte die fortschreitende Erblindung des Landesvaters nicht aufhalten, worüber er selbst, nicht gerade der Gesündeste, die eigenen Augen für immer schloß. Danach war Hieronymus Bock, ein weithin berühmter Medicobotaniker, Leibarzt von Philipp. Bock machte sich selbst zum Gärtner, als er neben der Burg zu Studienzwecken einen Gewürz- und Kräutergarten anlegte. Nach kurzer Zeit verließ er Saarbrücken wieder. Vorher empfahl er dem Grafen noch seinen Schüler Jakob Theodor aus Bergzabern als Nachfolger. Als Philipp diesen verpflichtete, «daß er sonderlich auf Ihr Gnaden, deren Gemahel, Frauenzimmer und Hofgesind warten sollte», war ein segensreicher Griff getan. Tabernaemontanus, wie er genannt wurde, erntete 1553 weitreichenden Ruhm, als er nach Ausbruch der Beulenpest Verhaltensweisen vorschlug, die eine größere Ausdehnung der Epidemie verhinderten und vielen das Leben retteten. 1601 erließ Graf Philipp III. eine Arzt- und Apothekerordnung mit der Absicht, den Badern, Barbieren und durchreisenden Quacksalbern das Wasser abzugraben. Er berief einen akademisch gebildeten Arzt und Apotheker nach Saarbrücken und nahm beide persönlich unter Eid und in die Pflicht, nur allerbeste Arbeit zu leisten. Im Dämmerlicht der Apotheke in der Hintergasse wurde freilich nach wie vor in Gläsern so manche ominöse Tinktur gemixt, in Mörsern so manches bedenkliche Pulver gestampft, vielleicht sogar die Alraunwurzel verkauft. Die damit verbundenen Risiken und Nebenwirkungen bestanden in der drohenden Ungnade des Grafen, wonach aber weder Arzt noch Apotheker viel fragten.

Der nachfolgende Graf Ludwig war wieder mehr vom Probieren als vom Studieren angetan und ließ sein gebrochenes Bein von einem aus Straßburg herbeigeeilten Barbier zurechtbiegen (1607). Ein gutes Jahrhundert später zeigte man sich von den chirurgischen Fähigkeiten der Barbiere noch immer überzeugt. Im Jahre 1717 gestattete ihnen Graf Karl Ludwig sogar den Zusammenschluß in einer Zunft. Im Zunftbrief wurde ortsfremden Barbieren wie auch Marktschreiern, Zahnbrechern, Hausierern und Schindern das Praktizieren in Saarbrücken streng verboten. Der Brief schützte die Barbiere aber auch vor Übergriffen jener ansässigen Ärzte, die einzig und allein für «innerliche Kuren» zuständig waren. Andererseits sollten die Barbiere es unterlassen, Medikamente «zum innerlichen Gebrauch» zu verabreichen. Davon ausgenommen waren Heiltränke zur «Kurierung französischer Schäden», was vielleicht im unverhüllten Vordringen welscher Lebenslust seinen Grund hatte.

Am Saarbrücker Schloß gefundene Grapen (15./16. Jahrhundert)

Tages Arbeit, abends Gäste!
Saure Wochen, frohe Feste!
Goethe

Kein Kranker wird je seinen Zustand loben, aber das wirkliche Elend beginnt erst, wenn uns die Arbeit nicht mehr schmeckt. Der Werktag im damaligen Saarbrücken begann im Sommer gegen vier Uhr morgens. Erst nach vierzehn bis sechzehn Stunden legte man die Arbeit nieder. Nächtliches Schaffen war wegen der großen Brandgefahr, die von Öllampen und Kerzen ausging, bis auf wenige Ausnahmen verboten. Auch wenn deshalb in den dunklen Wintermonaten Hobel und Zange zwei Stunden später zur Hand genommen und früher weggeräumt wurden, betrug die jahresdurchschnittliche Arbeitszeit pro Tag immer noch elf bis zwölf Stunden.

Handtuchhalter (16. Jahrhundert)

Am Saarbrücker Schloß gefundene Tonschüssel (vermutlich 16. Jahrhundert)

Der handwerkliche Arbeitsplatz befand sich in der Regel im Heimwesen des Meisters, der hier mit Frau und Kindern, mit Gesellen, Lehrbuben und Bediensteten eine große Familie bildete. Das Hausgrundstück lag üblicherweise mit der Schmalseite zur Straße. Das auf Stein ruhende Erdgeschoß diente als Werkstatt oder Laden. Eine steile Holztreppe führte zum oberen Stockwerk, das über dem unteren zur Straße mehrere Fuß hervorragte. Hier wohnte der Hausherr. Seine Möbel waren aufs Notwendige beschränkt, die knarrenden Dielen nur sparsam mit Teppichen belegt. In der guten Stube gab es einen Vogelbauer, den kein Haushalt missen mochte. Auf Borden standen reich ziselierte Becher, Krüge und Kannen. In der Küche glitzerten rote Kupferkessel und weißes Zinngeschirr neben dem Handtuchhalter an der Wand. Trink- wie Kochwasser gab es an den beliebten Treffpunkten, nämlich an den öffentlichen Schöpfbrunnen. Man trug es in Eimern nach Hause. Unter Graf Philipp II. kamen sprudelnde Laufbrunnen hinzu. Das kostbare Naß strömte ihnen aus dem St. Johanner Wald in einer Leitung über die Alte Brücke zu. Die Betten in der Schlafkammer waren mit einem Himmel geschmückt. Große Federkissen

Bartmannskrug

Ehemaliger Hausbrunnen an der Ostseite von Schloßstraße 28 (vermutlich 14. Jahrhundert)

Brunnenszene

luden zur verdienten Nachtruhe ein. Nachthemden gab es keine, man schlief im Adamskostüm. Der Abort machte seiner Bezeichnung «Stankgemach» alle Ehre. Das abermals einige Fußbreit vorgeschobene, an der Straßenseite mit Kran und Luke versehene Dachgeschoß diente als Speicher. Im rückseitigen Hof stand vielfach ein zweites Gebäude. Es war dem Hauspersonal als Herberge bestimmt oder als Stall eingerichtet. Weil die selten verglasten, meist nur mit Leinwand oder Holzläden verschließbaren Fenster wegen der flüchtigen Wärme sehr klein gehalten waren, wurde es in den Räumen nie richtig hell.

In der dunklen Jahreszeit bedeutete das ständige Hantieren mit offenem Licht eine nicht zu unterschätzende Gefahr. Weil man Feuer nicht in Papier einhüllen soll, waren sämtliche auf offenen Brand angewiesenen Handwerksbetriebe, etwa die Schmiede in der Hintergasse (Vorstadtstraße 13), am Stadtrand zu finden. Wer sich nach vollbrachtem Tagwerk noch einen Schoppen genehmigte, mußte das Wirtshaus bei Androhung von Strafe Schlag neun Uhr verlassen. Die winterabendlichen Straßen waren stockfinster. Um nicht vom Weg abzukommen, ließ man sich «heimleuchten» oder hatte die eigene Laterne dabei. Helleres Licht spendeten zwar Fackeln, aber sie galten als sehr gefährlich. Man löschte ihre Flamme deshalb nicht erst in der Wohnstube, sondern schon vor dem Betreten des Hauses in einer Steinvertiefung neben der Haustür. Die dauernde Furcht vor dem roten Hahn verpflichtete jeden neu aufgenommenen Bürger, einen Löscheimer mitzubringen. Weiteres Löschgerät wurde auf dem Rathaus und in den Stadttürmen aufbewahrt.

Lange Arbeitszeit und frühe Nachtruhe: man könnte fast meinen, unsere Vorfahren hätten keine Vergnügungen gekannt. Wenn das Vergnügen auch etwas für große Herren war, so blieb dem Volk doch die Freude. Sie allen mitzuteilen, ohne daß jemand sie teilen mußte, dafür sorgte die allgegenwärtige Mutter Kirche. Außer den Sonntagen schüttete sie im Jahresreigen ein randvolles Füllhorn geheiligter Feiertage über die Menschen aus. Da sich unter den Fürsten, Kurfürsten und päpstlichen Legaten mit der Zeit herumgesprochen hatte, daß auf viele Feiertage selten ein guter Werktag folgt, beschloß man in Regensburg, «die Menge der Fürtag zu ringern.» Graf Johann Ludwig gab die von der Donau kommende Botschaft an der Saar weiter und seinen Untertanen kund, daß es fürderhin, die Sonntage nicht mitgerechnet, nur noch 39 Feiertage geben werde (1528). Die Ausdehnung der Jahresarbeitszeit war, wie der Landesvater sich in der Verordnung auszudrücken beliebte, «zu Nutz des gemeinen armen Mannes bedacht worden.» Die nun zu bewältigenden 274 Werktage verteilten sich auf nicht mehr als etwa fünf pro Woche. Dieses überraschende Ergebnis ist außer den örtlichen Kirchenpatrons vor allem jenen Heiligen zu verdanken, die vor dem

Auf dem Grundstück Vorstadtstraße 13 befand sich eine Schmiede

Regensburger Rotstift Gnade gefunden hatten und dadurch gewissermaßen zu Vorkämpfern gewerkschaftlicher Forderungen aufrückten. Üblicherweise legte man die Arbeit bereits am Nachmittag oder frühen Abend vor dem geheiligten Tag nieder, wenn in der Stadt das Angelusläuten einsetzte. Arbeitsfrei war auch der Montag vor Beginn der Fastenzeit. Er wurde «blauer» Montag genannt, weil für ihn beim Gottesdienst die liturgische Farbe Blau Vorschrift war. Die Handwerker veranstalteten ausgerechnet an diesem Montag gern «zünftige» Zechgelage und verwandelten dabei das zeremonielle Kolorit nicht selten in einen tiefblauen Zustand. Freilich gab es auch Gesellen, die jenem Treiben fernblieben, dafür mehr der im 16. Jahrhundert erwähnten «Kegelschyb» (Kegelbahn) an der Rauschenpforte zuneigten oder das im Badehaus gebotene Pläsier bevorzugten.

Die letztgenannten Stätten waren beileibe nicht die einzigen Örtlichkeiten, wo man sich erquicken konnte. «Am Werktag schaffe alle Ding, am Sonntag bete, hör und sing», belehrten die Alten ihre Kinder und Kindeskinder mit erhobenem Zeigefinger. Wie wenig dieser Sinnspruch Spiegel gottesfürchtiger Denkart war, zeigte sich gleich am nächsten Tag des Herrn, wenn man auf dem Kirchhof munter plaudernd zwischen den Grabsteinen hin und her spazierte, während der Priester von der Kanzel zur Buße aufrief. Eines Tages fuhr das Donnerwetter des kirchenstrengen Grafen auf die sündige Meile herab. Er gebot bei Ungnade und Strafe, «nit uß der Kirchen zu gehn, es seien denn die Ämpter der h. Messen und Predigt vollendet» (1528).

Etwas Nachsicht wird am Arnualstag, dem Hauptkirchenfest von Saarbrücken, gewaltet haben, der am 9. Oktober gefeiert wurde. Gleich nach dem mittäglichen Gottesdienst begann vor der Stiftskirche der mit langer Vorfreude erwartete große Jahrmarkt. Gar wundersam mischte sich das Aroma der Heil verheißenden Weihrauchwolken mit den weltliche Genüsse versprechenden Duftschwaden, die von brutzelnden Würsten, geräuchertem Fleisch und heißem Speckkuchen aufstiegen. Nicht minder beliebt waren die «Deutsche Kirb» im Wonnemonat als Kirchweihfest der Deutschordenskapelle und der Neujahrsmarkt. Wie lebensnah die Heiligen empfunden wurden, offenbarte sich nach Prozession und Gottesdienst beim fröhlichen Tanz. Außerhalb des Kirchenkalenders boten Verlobungen, Hochzeiten, Kindtaufen und die von den Zünften veranstalteten Wirtshausgelage willkommene Abwechslung. Wie aufwendig es dabei zugehen konnte, verrät uns die gütliche Ermahnung der Stadtväter, Verschwendung und unnötige Prachtentfaltung zu unterlassen und darauf zu achten, daß geladene Gäste ihre Zeche selbst bezahlen (1588). Wie jeder zugeben muß, fand dieser Fingerzeig bis heute nur wenig Beachtung.

Außer den ansonsten üblichen Tanz- und Schützenfesten, Weihnachts- und Johannisfeiern sorgten jene Tage für Kurzweil, an denen einer der ganz Großen die Stadt besuchte. Neben der Gelegenheit, die Berühmtheit mit weit aufgerissenen Augen begaffen zu können, kam bei der öffentlichen Bewirtung zu Ehren der Nobilität auch der Gaumen auf seine Kosten. Ein solches Spektakel erlebten die Saarbrücker im März 1546, als Kaiser Karl V. samt Geleit, aus den Niederlanden kommend, in die Stadt einzog. Die Saar führte Hochwasser mit der Folge, daß auf der Strecke nach Regensburg die Zufahrt zur Anschlußstelle «via regalis» (Königsstraße) wegen Einstellung des Fährverkehrs gesperrt war. Graf Philipp II. ging die Sache gelassen an, indem er das im Freiheitsbrief verankerte Recht in Anspruch nahm, den Reit- und Zugtieren seiner Freunde und Gäste in den Ställen der Bürger «ein Bette zu geben.» Die Pferdewirte erhielten für diese Dienstleistung zwei kleine Turnesen, in der Stadt Tours

Kaiser Karl V. auf dem Thron (Tizian, 1548)

geprägte Silbermünzen, wovon sie für ihre Untermieter Heu und Stroh kaufen mußten. Doch was bedeutete der kleine Aufwand schon gegen die unschätzbare Gelegenheit, eines leibhaftigen Kaisers ansichtig zu werden. Weil ein längerer Aufenthalt Karls in der Stadt nicht vorgesehen, wegen des plötzlich aufgetretenen Hochwassers aber notwendig geworden war, wird man nicht mehr die Zeit gefunden haben, ihn mit dem in der Renaissancezeit üblichen «Trionfo», einem pompösen Triumphzug, festlich zu empfangen. Also kein ausgedehntes Präludium vor dem Stadttor, bei dem der Einziehende, auf einem gezimmerten Thron sitzend, die Huldigung des Stadtbürgertums und den Stadtschlüssel entgegennimmt. Diesmal mußte in Anwesenheit der Geistlichkeit, der Zivilbehörden und der Herren vom Gericht bei der Schlüsselübergabe ein Kniefall des Meiers und anderer Notabeln genügen. Als der Zug die Stadt betrat, fand der Monarch die Häuser mit Blumen und Decken geschmückt vor, was ihn freute. An der Schloßkirche machte die Prozession halt. Barhäuptig trat der hohe Gast ein, um Gott seine Reverenz zu erweisen. Als der Kaiser das Gotteshaus wieder verließ, drängte man sich, ihm landesübliche Gerichte, handwerkliche Erzeugnisse und andere lokale Spezialitäten vorzuführen. Nach gnädiger Aufmerksamkeit für diese Dinge ließ sich Majestät zur Propstei geleiten, die, ein Haus des Klosters Wadgassen, als Unterkunft vorgesehen war. Am Rande der Probsteigasse stand die Bürgerschaft, nach Zünften gegliedert, in enger Reihe Spalier. Ihr «Vivat» mischte sich mit den Stimmen derer, die dem großen Ereignis von den Fenstern aus folgten.

Eng war es in der Stadt vorübergehend auch in der einen und anderen Kammer geworden, weil sie der Hausherr gewinnstrebig an mitziehende Edelknaben, Reiter und Knechte vermietet hatte. Die Dienstmägde sahen nach kurzer Überlegung keine andere Möglichkeit, als die erste Viertelstunde unter ihren Betten zu schlafen, in denen die eher munteren als schläfrigen Gefolgsleute ihre Glieder reckten und streckten. Auch der Habsburger wußte sich vor der Weiterreise erkenntlich zu zeigen. Er erteilte dem gastlichen Hause das Asylrecht, wonach Verfolgte, sobald sie die Schwelle der Tür überschritten hatten, unter dem Schutz des Abtes von Wadgassen standen. Wer diese Freiheit verletzte, mußte mit der gefürchteten Ungnade der allerchristlichsten Majestät rechnen. Das Schutzrecht des Abtes war durch einen runden, am Eingang aufgestellten Stein angezeigt.

Wenn das Fest vorbei ist, will, wie man so sagt, niemand den Saal kehren. In Saarbrücken hatte man keine andere Wahl, als kräftig den Besen zu schwingen, denn kurz darauf ritt wiederum das lebendige Gesetz, diesmal in Gestalt des Königs von Spanien, in die Stadt ein. Philipp II. war hier mit dem Trierer Erzbischof zu einem Treffen verabredet (1549). Könige leiden nur ungern, daß man ihnen widersteht. Wer wollte da schon riskieren, beim Festgepränge zu fehlen?

Was auch immer geschieht: Nie dürft ihr so tief sinken, von dem Kakao, durch den man euch zieht, auch noch zu trinken *Kästner*

Die hilfreiche Frau Wirtin gibt es schon 5000 Jahre, wenn man sich an der Schenkin Siduri im Gilgamesch-Epos orientiert, die dem babylonischen Nationalheros rät, lieber die Freuden des Lebens zu genießen, anstatt nach dem Kraut der Unsterblichkeit zu suchen. Bis auf den heutigen Tag hat sich die Gastwirtin mit ihrem lebenserfahrenen Ratschlag als eine unverwüstliche Konstante im zweitältesten Gewerbe der Menschheit erwiesen. Ursprünglich war die Gewährung von Gastrecht vorwiegend in der privaten Sphäre verankert. An der Herausbildung kommerzieller Beherbergungs- und Beköstigungsstätten dürften sowohl im Altertum als im europäischen Mittelalter die Entwicklung der Städte und die wachsende Mobilität der Bevölkerung einen Anteil haben. Keinen Deut anders verhielt es sich in Saarbrücken.

Anfänglich unterstanden die Gastwirtschaften, aber auch andere gewinnbringende Betriebe wie Mühlen, Backhäuser, Fleischbänke und Kramstände, dem alleinigen Nutzungsrecht des Grafen. Mit der Zeit gingen viele dieser Gewerbe an Privatleute über. Namentlich bei den Wirtschaften behielt sich die Herrschaft hier und da noch das einträgliche, meist mit Erbpacht verbundene Konzessionsrecht vor. Aber auch der städtischen Verwaltung stand das Recht zu, Wirtschaften zu bewilligen. Der Schreiber bittet seine Leser um Nachsicht, wenn er ihnen «den Stuhl vor die Tür setzt». Das abweisende Wort bedeutet in unseren Tagen das Gegenteil von dem, was es im früheren Wirtsgewerbe damit auf sich hatte. Stand in einer Gasse ein Stuhl vor dem Haus, war dieser unmißverständlich als einladende Geste zu deuten, nämlich Platz zu nehmen und beim Wirt, der nicht lange auf sich warten ließ, ein Bier oder einen Krug Wein zu bestellen. Jeder Zapfwirt hatte die Pflicht, sein Haus mit einem Schild zu versehen, aus dem ersichtlich war, daß hier ein Ausschank betrieben wird. Diese phantasiereichen Zeichen sind auch jetzt noch in Gebrauch. Man denke nur an die Traube, den Kranz, an den Bär, Adler oder Ochsen. In Alt-Saarbrücken gab es um 1600 rund zehn solcher Schildwirtschaften, die sich «Zum Horn, Roß, Hirsch, Rindsfuß, Stiefel» und ähnlich nannten. Das Betreiben einer Speisewirtschaft oder auch Schenke war bis zum Spätmittelalter fast immer Zweitberuf. Der Wirt hatte meist Fleischer, Bäcker, Brauer oder Koch gelernt. In den Schildwirtschaften «Zum Rindsfuß» und «Zum wilden Mann» stand gar ein Hosenstricker beziehungsweise ein Nagelschmied hinter dem Schanktisch.

Die Auszierung der Gaststuben entsprach jenem Bild, dem wir in nostalgischer Schwelgerei so sehr zugetan sind. An allen Seiten, insbesondere über dem Kamin, hingen bemalte Brettchen, Schießscheiben vom letzten Schützenfest, Schauteller, Heiligenbilder und, äußerst populär, stark kolorierte Druckgrafiken in nahezu unbegrenzter Themenvielfalt: Kometenankündigungen, Schlachtendarstellungen, Stadtansichten, Landkarten. Schenkungen von Gästen wie Schiffsmodelle, afrikanische Buschtrommeln, vergiftete Pfeile oder ausgestopfte Tiere führten zu flohmarktähnlichen Bereicherungen. Der Wirt ermahnte die Gäste mit schriftlichem Beiwerk, das uns nicht fremd ist: «Hier wird nicht gemeckert.» Damit es trotz dieses und ähnlicher Hinweise einigermaßen friedlich zuging, gab es seit dem 16. Jahrhundert die im gesamten Heiligen Römischen Reich Deutscher Nation verbindliche «Ordnung guter Policey»: Stuhlbeine, Schemel und «sonstiges Mordszeug» nicht anfassen, sobald ein Streit entbrennt. Der Erfolg war eher schlagend als durchschlagend, weil die meisten Zecher weder lesen noch schreiben konnten. Auch die Stadtverwaltung war mit ihrer «Ordnung wie es mit den Wirthen und Weinschank von Alters gehalten und fürters befolgt werden soll» (1600) um geregelte Zustände bemüht. So war vorgeschrieben, daß Wein erst dann verzapft werden durfte, wenn ein amtlich bestellter Schätzer ihn für gut befunden und das Faß versiegelt hatte. Ab Schlag neun Uhr bei Nacht sollte sich im Wirtshaus kein Bürger mehr blicken lassen. Zu späterer Stunde war es den Wirten allerdings erlaubt, in «Notfällen» Wein «über die Gasse» zu verkaufen. Heutzutage kämen solche Vorschriften dem Ausruf eines permanenten Notstandes gleich. Ab 1715 galt eine neue Verordnung, die den «Zapfenstreich» im Winter auf zehn, im Sommer auf elf Uhr ausdehnte.

Kochwirtschaft (1561)

Die Szene früher Gastronomie ist auch in Saarbrücken undenkbar ohne die Kochwirte. Ihre Etablissements waren in der Regel sehr klein. Im Grunde bestanden sie nur aus einem Raum, in dessen Mitte ein Herd aufgemauert war. In diesen Brat- und Garküchen konnte man mitgebrachtes Fleisch für den häuslichen Verzehr zubereiten lassen oder den knurrenden Magen durch schon Gebratenes an aufgestellten Tischen sofort beschwichtigen. Gewöhnlich brutzelten auf übereinander angeordneten Spießen gleich mehrere Stücke Fleisch, aus denen der hungrige Gast sich je nach Bedarf eine Portion herausschneiden ließ. Etwas Salz und Senf auf dem Tellerrand, ein Kanten Brot und ein Bier vervollständigten die Mahlzeit. Wer denkt dabei nicht an das Treiben in unseren Frittenbuden, an den Gyrosständen? In damaliger Zeit spielten die Kochwirte für Menschen ohne Eßkultur und ohne eigenen Hausstand eine nahezu lebenserhaltende Rolle.

Auch wenn die Eßkultur der Saarbrücker Bevölkerung längst Spitzenwerte erreicht hat, soll niemand glauben, er hätte mit den Leuten von damals nichts zu tun. Zumal die Alteingesessenen der Landeshauptstadt können Gift darauf nehmen, unter den Menschen von damals Vorfahren zu haben, denn wenn Thies und Endres mit Elisabeth und Katharina nicht für Nachkommenschaft gesorgt hätten, wäre der Platz neben der Alten Brücke längst wüst und leer. Bevor die bindende Ehe eingegangen wurde, durften sich beide Teile in sogenannten Probenächten von den Qualitäten des Partners überzeugen. Elisabeth erlaubte ihrem begehrten Thies im verhangenen Alkoven jede Zärtlichkeit, ohne sich ihm ganz hinzugeben. Dieser titanische Brauch war in allen Gesellschaftskreisen, auch in den allerhöchsten, gang und gäbe. Die Nagelprobe führte beim Leibe nicht immer zur Ehe, und gar nicht so selten war das Mädchen die verzichtende Partei.

Jede Gesellschaft sucht und findet ihre Form. Die Formel Mensch aber ist unabänderlich. Deshalb können wir davon ausgehen, daß es früher in etwa die gleichen Dinge waren, die einerseits Freude auslösten, anderseits Weh und Ach verursachten. In Saarbrücken gehörte zur angenehmen Seite des Lebens bestimmt schon immer ein «gudd Gespräch», mochte es den Weg zur Kirche verkürzt oder den Faden am Rocken in die Länge gezogen haben. Der Mittelpunkt allen Redens war jedoch mit Gewißheit der gleiche wie heute, nämlich die Kneipe. Beispielsweise das Wirtshaus «Zum Stiefel» in der Neugasse. Warum so zögerlich im Entschluß? Nun tretet schon ein! Die Zeche übernimmt der Autor. Verbot der Obrigkeit? Verdoppelt die Freude! Dort in der Ecke ist noch Platz. Achtung, die Stiefel-Wirtin kommt! «Nennt mich Maria, werd's nicht verübeln.» «Schon gut. Dann also bring uns Wein. Für's erste drei Krüge. Dazu die Gläser.» Von draußen fällt gedämpftes Licht auf Tische und Bänke, wo man die vollen Humpen hebt, den Bierschaum, der am Barte klebt, bedächtig von der Stelle wischt und eifrig über andre spricht.

«Erzähl schon, Adam. Warst doch dabei. Ich mein die Sache mit Meier Mathias vom Gericht.» Schon fahren die Köpfe in der Tischmitte zusammen. Adam, mit gedämpfter Stimme: «Naja, der Paulus, das Schneiderlein. Ihr kennt ihn alle. Wohnt in der Neugass nebenan ...» «Das wissen wir. Was weiter?» Adam, beleidigt: «Ja soll ich oder soll ich nicht?» Eifriges Nicken in der Runde. «Der Paulus also saß dort drüben. Mathias, dieser alte Sack, ihm gegenüber.» «Jessesmaria! Adam, sieh dich vor, hast Frau und Kinder.» «Schwätz nicht herum. Was wahr ist, das ist wahr. Der Paulus, nach dem dritten Kännchen Wein ...» «Der dritten Kanne, meinst du wohl.» «Hab's nicht genau gesehn, mußt die Maria fragen. Halt jetzt das Maul. Der Paulus also beugt sich plötzlich zum Meier hin und lallt mit schwerer Zunge über'n Tisch: ‹Hochwürden, Euer Ehren, Opulenz, wohlachtbarer Herr ... zum Teufel, versteh mich nicht so gut auf diese Sprache! Nur eines weiß ich, das Urteil gegen Keßler, ganz hundsgemeines Unrecht ist's gewesen. Doch was bekümmert's euch schon viel. Hauptsach, die Herrn Gericht haben das Fressen und Saufen davon.› Genau die Worte warf er dem Meier an den Kopf.» «Das war schon alles?» «Nicht ganz. Betroffnes Schweigen. Der Meier sieht sich um. Dann steht er auf, greift erst daneben, dann seinen Hut. Und wie er geht, ruft ihm der Paulus nach, er soll in Teufels Namen ziehen. Kaum war's heraus, gab's keinen, der nicht das Kreuz geschlagen hätte.» «Und was geschah dem Paulus, sitzt er im Turm?» «Hat Glück gehabt. Mußt vor Gericht und dort gestehn, was er gesagt, den Meier um Verzeihung bitten und ihm die Zeche des bewußten Abends zahlen. Drei Gulden, vierzehn Albus sind's gewesen.»

«Jo, jo», läßt Hans darauf gedehnt verlauten, «mit einem Meier ist nicht gut Kirschen essen. Der Jakob kann ein Liedchen davon singen.» «Der Jakob Kohl, der Schlosser?» «Kein anderer. Ein braver Mann, wie man ihn kennt. Das hätt ihm damals keiner zugetraut.» «Was denn?» «Nichts, was wir nicht hin und wieder selber tun. Maria! Eine Runde, geht auf mich! An einem Sommersonntag war's, als man den Jakob zum Pförtner am Markttor angedingt.» «Zum Uhrenrichten auch?» «So ist es Brauch. Zu Mittag geht Meier Seitz wie

Gäste der Stiefelwirtin Maria bei ihrem «gudd Gespräch»

üblich seine Tour am Tor vorbei. Dort läuft ihm Peter Schlucker über'n Weg. ‹Schön guten Tag dem Herrn Gericht.› Ob er schon wisse? ‹Zwar weiß ich viel, doch möcht ich alles wissen. Was also gibt's?› ‹Hab am Morgen während der Predigt jemand auf der Mauer gegen die Neugass gehen sehen, wo der Stadtgraben bei den sumpfigen Wiesen voll Wasser ist›, gab er Bescheid.» «Schleckt den Meier ab wie wir die Mädchen», wirft einer keck dazwischen. «Da hast du wahrlich recht. Doch weiter. Der Meier fragt, wieso und wer. Der Jakob Kohl sei es gewesen. Gebückt und schleichend wär er auf den großen Fischtrog zugegangen und hätte die besteckte Angel ausgehängt. Ob was daran gezappelt habe, könne er nicht sagen.» «Daß den Verräter die Pestilenz ankomme!» «Und das höllische Feuer verbrenne!» An ewiger Verdammnis wird wahrlich nicht gespart.

Jetzt wärmt der Nickel eine Sache auf, die einst die ganze Stadt zum Lachen brachte. «Könnt ihr euch noch an die Theres erinnern, des Bettelvogtes Diebold Weib? Als sie in Kaspars Garten mit krummen Fingern Kappes sich beiseite schaffte, war's bald heraus. Nach kurzer Prozedur erging vom Stadtgericht der Spruch, daß die Beklagte, mit Kappesköpfen um den Hals gehängt, von Diebold selbst gassauf, gassab zu führen sei. Es heißt, sogar der selige Herr Graf hätt' bei dem Jux vor Lachen sich gekrümmt.» «Das ist schon lange her. Doch wißt ihr das Neu'ste schon?», rückt Georg nun heraus, «der Muselmann aus der Türkei ist bis nach Ungarn vorgedrungen. Bedroht auch uns mit seinem Säbel.» «Nichts wird so heiß gegessen, wie man's kocht.» «Der Kaiser will sich nicht den Mund verbrennen. In Speyer kam es zum Beschluß, ein Heer und Reiter auszusenden.» «Das kostet Geld ...» «... und ist der Punkt. Weil's jeden von uns angeht, wird Solidarität verlangt und eine Schatzung vorgenommen.» «Eine weitere Abgabe?! Mir steht das Wasser eh schon bis zum Hals!» «Es könnt' ein Krummschwert daraus werden, uns zur Plage. Den Soli zahlen oder sterben, das ist hier die Frage.» «Wenn's so steht, laß ich mich drauf ein. Dann lieber arm als kopflos sein.»

Wie Scheidenden es oft an Worten fehlt, so gab das eine hier das andere. Der Fruchtstand in den Gärten, das liebe Vieh, das Wetter, der schmale Lohn, des Meisters Witib und die reiche Erbschaft, die schönen Jungfern in der Stadt und was bei Hofe sich begibt: da gab es keinen, der nicht mit Nachricht aufgewartet hätte. Maria, oft gerufen, lief zwischen Tisch und Zapfhahn emsig hin und her und freute sich der Striche auf der Tafel. Gewiß, die Welt war klein, in der man sich bewegte. Der Horizont der Leute reichte nicht viel weiter als über ihre Köpfe bis zu den Hügeln links und rechts der Saar. Das kümmerte die meisten nicht, empfand man doch im tiefsten Herzensgrunde, daß die Erdentage innerhalb des zugemessenen Kreises am sichersten zu leben sind. Eines Tages trog diese Sicherheit. Der schwarze Schatten, der am 26. Mai 1677 über das Saarbrücker Land strich, verhieß nichts Gutes. Das Unheil ließ nicht auf sich warten. Schriller Fanfarenstoß und dumpfer Trommelklang. Kampf zwischen französischer Soldateska und kaiserlichen Truppen. Die Vorstadt im Tal geriet in Brand. Tags darauf saß der rote Hahn auch auf den Dächern der ummauerten Stadt. Häuser, Türme, Tore, alles brannte bis in die Keller nieder. Nur sieben Gebäude, weil aus Stein gebaut, blieben halbwegs verschont. Im 18. Jahrhundert erst stieg Saarbrücken durch die Hand des Barockbaumeisters Friedrich Joachim Stengel wie Phönix aus der Asche zu neuer, nicht geahnter Schönheit auf. Aber das ist eine andere Geschichte.

Haus Schloßstraße 28/30 überstand den großen Stadtbrand 1677

Ordnung ist das halbe Leben.
Daß ein jeder auf sie hält,
wird ein Beispiel hier gegeben
von Saarbrücken und der Welt.

Saarbrücken	Welt
	um 65 Aufzeichnung der Evangelien und der Apostelgeschichte
um 100 Römerbrücke am Halberg	
	um 150 Wanderung der Goten von der Weichselmündung an das Schwarze Meer
um 390 Überfälle der Alemannen auf römische Besitzungen an der Saar	**391** Verbot heidnischer Kulte und Erhebung des Christentums zur Staatsreligion im Römischen Reich
	594 Gregor von Tours, Geschichtsschreiber der frühen Merowinger, gestorben
601-609 Amtszeit des Bischofs Arnual von Metz	
882 Urkundliche Erwähnung des Königshofes Völklingen	**883** Plünderung der Benediktinerabtei Montecassino durch die Araber
	910 Gründung des Klosters Cluny
999 **Urkundliche Ersterwähnung des «castellum Sarabruca»**	**996-1002** Regentschaft Ottos III. als Kaiser
	1034 Heiliges Römisches Reich (der Zusatz «Deutscher Nation» erst im 15. Jahrhundert)
1046 Das Dorf Merkingen wird St. Arnual genannt	
	1093 Gründung der Benediktinerabtei Maria Laach

um 1100 Vorsiedlung von Saarbrücken	
1139(?)-1180 Regentschaft Graf Simons I.	**1146-1148** Zweiter Kreuzzug
um 1150 Ersterwähnung des Stiftes St. Arnual	**1166** Heiligsprechung Karls des Großen in Aachen
1168 Zerstörung (?) der Saarbrücker Burg	
um 1180 Gründung von Saarbrücken an der Westseite der Burg	**1179** Hildegard von Bingen gestorben
1205(?)-1233 Regentschaft Graf Simons III.	**seit 1215** Inquisition durch Dominikaner und Franziskaner
1218 Graf Simon III. auf Kreuzfahrt	**1217-1221** Eroberung des Kettenturmes bei Damiette am östlichen Nilarm während des fünften Kreuzzuges
1219 (?) Gründung des Heiligkreuzspitals	
um 1223 «Innere Schule» des Stiftes St. Arnual	
um 1227 Stiftung der Deutschordenskommende	
1228 Ersterwähnung der Marktpforte	**um 1228** Elisabeth von Thüringen errichtet in Marburg ein Hospital
um 1250 Errichtung einer staufischen Burganlage und erste Stadtmauer	**um 1250** Entdeckung der Sprengkraft von Salpeter
1259(?)-1271 Regentschaft der Gräfin Laurette	
1261 Bau der Nikolauskapelle	**1260** Kublai, Großkhan der Mongolen, setzt sich in Nordchina als Kaiser durch und residiert in Peking
1271 Erwähnung einer lombardischen Bankniederlassung	**1272** Dominikaner und Volksprediger Berthold von Regensburg gestorben
1309(?)-1342 Regentschaft Graf Johanns I.	

	1313 In Deutschland erstmalige Verwendung von Schießpulver in Schußwaffen
	1315-1317 Große Hungersnot in Europa
1321 Gewährung der Freiheits- und Stadtrechte	**1321** Dante Alighieri («Göttliche Komödie») gestorben
1342-1381 Regentschaft Graf Johanns II.	
1348 Ersterwähnung des Siechenhauses	**1348-1350** Pestepidemie in Europa
	1364 Heinrich von Wick erfindet Hemmung und Unruhe in der mechanischen Uhr
1385-1429 Regentschaft Graf Philipps I.	
1398 Verleihung des Münzrechtes durch König Wenzel	
1401 Erwähnung des Gasthauses «Zum Horn»	**1402** Erstmalige Verwendung von Ölfarben durch die Maler Hubert und Jan van Eyck
1413 Schneider und Kürschner bilden die ersten Zünfte	**1415** Jan Hus wird trotz Zusage freien Geleits in Konstanz als Ketzer verurteilt und verbrannt
um 1420 Aufzeichnung des Saarbrücker Landrechtes	**1419** Erster Prager Fenstersturz und Hussitenkriege (-1434)
um 1430 Erweiterung der Stadtmauer	**1429** Karl VII. schickt Jeanne d'Arc gegen Orleans und wird zum König gekrönt
um 1435 Errichtung von Stadttürmen	**1437** Das Haus Habsburg erbt die ungarische zur deutschen und böhmischen Krone
1442-1472 Regentschaft Graf Johanns III.	

	1445 Johannes Gutenberg erfindet den Buchdruck mit beweglichen Lettern
ab 1457 Herrschaftliche Weinsteuer dient zur Hälfte der Stadtbefestigung	
1461 Erste Pflasterung städtischer Gehwege	**1461** König Ludwig XI. ist Herrscher über ein geeintes Frankreich
1474 Kupferschmiede bilden die erste Zunft-Bruderschaft **1476** Vollendung der Schloßkirche	**1475** Gründung der Vatikanischen Bibliothek in Rom
	1484 Erste Prägung eines Talers
1490-1544 Regentschaft Graf Johann Ludwigs	
1493 Ersterwähnung einer städtischen Hebamme	**1492** Christopher Columbus landet auf den Westindischen Inseln und entdeckt damit Amerika
1495-1496 Pilgerreise Graf Johann Ludwigs in das Heilige Land	
1498 Verlegung des Rathauses von der Vordergasse an das «Eck»haus am Schloßplatz	**1498** Vasco da Gama umsegelt auf dem Weg nach Ostindien Kap Hoorn
	1510 Peter Henlein erfindet die Taschenuhr
	1517 Martin Luther veröffentlicht seine 95 Thesen gegen den Ablaßhandel
1519 Erwähnung der Richtstätte «jhensit dem galgenn»	**1519** König Karl I. von Spanien wird in Frankfurt a.M. zum Kaiser Karl V. gewählt
	1522 Adam Ries veröffentlicht sein wegweisendes Lehrbuch
1528 Reduzierung der Feiertage auf 39 im Jahr	**1531** Erhebung der «Peinlichen Gerichtsordnung» zum Reichsgesetz (Constitutio Criminalis Carolina)

1540 Erlaß einer Satzung zur Wahrung von Ordnung bei Überfällen und Feuersbrünsten	
	1541 Theophrastus Paracelsus, Arzt und Naturforscher, gestorben
1542 Türkenschatzung	
1544-1554 Regentschaft Graf Philipps II.	
1546 Aufenthalt Kaiser Karls V. auf der Burg und in der Propstei	**1547** König Heinrich VIII. von England gestorben
1549 Einweihung der Alten Brücke	
1550 Einrichtung einer Armenspeisung	
1553 Ausbruch der Beulenpest und erfolgreiche Bekämpfung durch den Arzt Jakob Theodor	**1553** Maria I. Tudor mit dem Beinamen «die Blutige» (Bloody Mary) besteigt den englischen Thron
1554-1574 Regentschaft Graf Johanns IV.	
	1555 Augsburger Religionsfrieden
1569 Auflösung des Stiftes St. Arnual	
	1572 Ermordung Tupac Amaru's, des letzten Inka. Massaker an den Hugenotten («Bartholomäusnacht»)
1574-1602 Regentschaft Graf Philipps III.	
1575 Offizielle Einführung des lutherischen Bekenntnisses	
1576 Fertigstellung der Lateinschule	
	seit 1584 Auf Verkaufsmessen erscheinen dreimal jährlich die frühesten Vorläufer der Zeitung
1601 Erlaß einer Arzt- und Apothekerordnung	**1601** Uraufführung des «Hamlet» von William Shakespeare
1602-1627 Regentschaft Graf Ludwigs	
1604 Gründung des Ludwigsgymnasiums	

	1605 Erster Band des «Don Quixote de la Mancha» von Miguel de Cervantes
1617 Graf Ludwig bestätigt die «Charta», den Freiheitsbrief vom Jahre 1321	
	1621 Straßburg erhält eine Universität
1623 Ausbruch der Pest und Umbau der ehemaligen Kirche von Aschbach zu einem Pestlazarett	
	1628 William Harvey entdeckt den Blutkreislauf
1631 Verbrennung der «Hexen» Maria und Jodoca	
	1643 Evangelista Torricelli erfindet das Quecksilberbarometer
1660-1677 Regentschaft Graf Gustav Adolphs	
	1663 Doktor Johann Andreas Eisenbart geboren
	1666 Ein Großfeuer vernichtet vier Fünftel von London
um 1670 Erwähnung von Hans Michel Bauer als Scharfrichter	
1677 Saarbrücken wird durch einen großen Stadtbrand fast vollständig vernichtet	
	1679 Englische Kaufleute gründen in Hamburg das erste Kaffeehaus Deutschlands
	1709 Etwa 15000 Pfälzer emigrieren nach Amerika
1713-1723 Regentschaft Graf Karl Ludwigs	
	1715 William Kent empfiehlt den «Englischen Garten» als Gegensatz zum Barockgarten
1717 Zusammenschluß der Barbiere zu einer «Ärzte»zunft	

Literaturnachweis

Bauer Gerhard, Die Flurnamen der Stadt Saarbrücken, Bonn 1957;
Dehnke Erhard, Saarbrücker Münzen. In: Saarbrücken - 50 Jahre Großstadt, Kulturdezernat der Stadt Saarbrücken (Hrsg.), Saarbrücken 1959, S. 51-54;
ders., Der Versuch einer Wiederaufrichtung der Saarbrücker Münze in den Jahren 1667/68. In: Zeitschrift für die Geschichte der Saargegend, 19. Jg., Saarbrücken 1971, S. 195-200;
Friedell Egon, Kulturgeschichte der Neuzeit, Bd. 1, 9. Aufl., München 1991;
Habicht Werner, Saarbrücken - eine historisch-geographische Skizze. In: Arbeiten aus d. geogr. Inst. d. Univ. d. Saarlandes, Bd. 36, Saarbrücken 1989, S. 93-123;
Heise Ulla, Der Gastwirt. Geschäftsmann und Seelentröster, Leipzig 1993;
Keßler Albert, Über den Freiheitsbrief für die Städte Saarbrücken und St. Johann vom Jahre 1321. In: Mitt. d. Hist. Vereins f.d. Saargegend, Heft 16, Saarbrücken 1922, S. 49-182;
Klein Hanns, Das Saarbrücker Spitalwesen bis zum Ende des 18. Jahrhunderts.
In: Jb. f. Westdeutsche Landesgeschichte 1, 1975, S. 177-214;
ders., Saarbrücken - vom Burgflecken zur Saarmetropole. Ein siedlungsgeschichtlicher Überblick. In: Saarbrücker Hefte, H. 54, Saarbrücken 1983, S. 57-67;
ders., Saarbrücken. In: Stoob, H. (Hrsg.), Deutscher Städteatlas, Lieferung II, Nr. 13: Saarbrücken, Karten und Begleittext, Dortmund 1979;
Kloevekorn Fritz, Saarbrückens Vergangenheit im Bilde, Nachdr. d. 1. Aufl., Saarbrücken 1976;
Koch Tankred, Geschichte der Henker. Scharfrichter-Schicksale aus acht Jahrhunderten, Heidelberg 1988;
Köllner Adolph, Geschichte der Städte Saarbrücken und St. Johann, Bde. I,II, Nachdr. d. 1. Aufl., Saarbrücken 1981;
Luckenbill Ludwig, Die Einwohner der ehemaligen Grafschaft Saarbrücken vor 1700, Saarbrücken 1969;
Ludwig Graf, Grävelich Nassau Sarbrückische Müntz- und Tax-Ordnung. Getruckt im Jahr M.DC.XXIII. In: Mitt. d. Hist. Vereins f.d. Saargegend, Heft 9, Saarbrücken 1909, S. 245-264;
Luther Martin, Von christlicher Freiheit. Schriften zur Reformation, Zürich 1990;
Nolte Erich, Wurde in Saarbrücken vor 1399 gemünzt? In: Zeitschrift für die Geschichte der Saargegend, 12. Jg., Saarbrücken 1962, S. 250-253;
Ohler Norbert, Reisen im Mittelalter, 3. Aufl., München 1993;
Planitz Hans, Die deutsche Stadt im Mittelalter, Wiesbaden 1996;
Ruppersberg Albert, Geschichte der ehemaligen Grafschaft Saarbrücken, Bde. I,III/1,III/2, Nachdr. d. 2. Aufl., St. Ingbert 1979;
ders., Das älteste Häuserverzeichnis von Saarbrücken. In: Unsere Saar, 2. Jg., 1927/28, Nr. 5 und 6, S. 91 f. bzw. 104-106;
Schipperges Heinrich, Der Garten der Gesundheit. Medizin im Mittelalter, München 1990;
Trepesch Christof, Die spätmittelalterlichen Kreuzwege in Saarbrücken. In: Zeitschrift für die Geschichte der Saargegend, 44. Jg., S. 71-95, Saarbrücken 1996.
Wilkens Hans, Die Nachricht über eine Schenkungsurkunde Ottos I. vom Jahre 951 und die Frage der Echtheit der Urkunde Ottos III. vom 14. April 999. In: Mitt. d. Hist. Vereins f.d. Saargegend, Heft 16, Sonderdruck, Bonn 1922.

Die nicht nachgewiesenen Textüberschriften sind Sprichwörter.

Abbildungsnachweis

S. 6 (Inv.Nr. E X/29), *14* (Stiftung Friedrich Sicks), *18, 28* (Inv.Nr. D I/19), *30 oben* (Inv.Nr. K VIII/1), *34* (Inv.Nr. E X/28), *53 und 54 links* (Dauerleihgabe des Historischen Vereins für die Saargegend), *58 rechts oben* (Inv.Nr. K III/19), *58 rechts unten* (Inv.Nr. G XVII/24)
Saarland Museum, Alte Sammlung, Saarbrücken;
S. 7, 9 rechts, 10, 23, 32, 35 unten, 49
Bildarchiv AV-Zentrum, Stadtverband Saarbrücken;
S. 9 links
aus: Barbara Purbs-Hensel, Verschwundene Renaissance-Schlösser in Nassau-Saarbrücken, Saarbrücken 1975, K 5, Abb. 8;
S. 12, 22, 36, 39, 43, 47, 48, 50, 51, 56, 59 rechts, 63, 64
Holzschnitte aus dem 15. und 16. Jahrhundert;
S. 17
Stadtarchiv Saarbrücken, Gemeinsames Stadtgericht, Urkunde 1;
S. 19, 21, 44 rechts
aus: Fritz Kloevekorn, a.a.O., S. 128, 1/3, 236;
S. 25
Landesarchiv Saarbrücken, Bestand Nassau-Saarbrücken II;
S. 27
aus: Das Buch der Erfindungen, Band VI: Gewerbe und Industrien, Verlag Otto Spamer, Leipzig, o.J., S. 700, Abb.1602;
S. 30/31 unten
Zeichnung von Jürgen Schmitt, Frickenhausen;
S. 33
Gemälde von Jean Morette, Saarbrücken;
S. 40, 41
Entwurf Eckart Sander, Gestaltung Thomas Salzmann, Stadtverband Saarbrücken;
S. 46, 52 unten
aus: Walter Zimmermann, Die Kunstdenkmäler der Stadt und des Landkreises Saarbrücken, Meisenheim/Glan 1975, S. 72, 148;
S. 52 oben, 61
aus: Günter Gurst u.a. (Hrsg.), Lexikon der Renaissance, Leipzig 1989, Tafeln 10, 40;
S. 57, 58 links
Historisches Museum Saar, Saarbrücken;

S. 6-12, 14, 15, 18-23, 27, 30-39, 43-52, 54 rechts, 56, 58 rechts-65
Aufnahmen bzw. Reproduktionen von Christof Kiefer, Stadtverband Saarbrücken;
S. 13
Aufnahme von Thomas Salzmann, Stadtverband Saarbrücken;
S. 25
Aufnahme Landesarchiv;
S. 28, 57, 58 links
Aufnahmen Historisches Museum Saar;
S. 53, 54 links
Aufnahmen Saarland Museum, Alte Sammlung.